BERNHARD MARXEN

Die Aufgabe:
Zum sittlichen Recht

Bibliografische Information der Deutschen Bibliothek

Bernhard Marxen

Die Aufgabe:
Zum sittlichen Recht

ISBN 978-3-9817739-6-5

Entwürfe 1990 bis 2017
Erste neue Ausgabe 2017

Ethos-Verlag, Postfach 1103
D-21231 Buchholz i.d.N.
www.ethos-verlag.de

Herstellung:
Books on Demand GmbH, Norderstedt (bei Hamburg)

Von Bernhard Marxen liegen vor - als Beitrag zur Modellierung der Welt insgesamt (in dreißig Jahren erarbeitet und mehrmals überarbeitet):

1. Entwicklungslinien naturphilosophischen Denkens in der Auseinandersetzung zwischen Materialismus und Idealismus *(132 S., nur die aus 2008 stammende Auflage ist gültig und erhältlich)*
2. Modellsystem der realen Welt: Beitrag zur Synthese und Reduktion von Information *(interdisziplinär, 280 S., erste neue Ausgabe 2017)*
   - Welt als Information und Aufgabe
   - Gesetzlicher Zusammenhang der Welt
3. Die Aufgabe: Zum sittlichen Recht *(116 S., erste neue Ausgabe 2017)*
4. Weltweit denken - Ortsnah handeln: genetischer Eingriff an der kapitalistischen Gesellschaft *(176 S., nur die aus 2007 stammende Auflage ist gültig und erhältlich)*
5 Auf Wegen zum innersten Licht *(der Jugend gewidmet, 428 S., erste Auflage 2006)*
6. Die Religion Abrahams: Judentum - Christentum - Islam *(216 S., erste Auflage 2005)*
7. Entschlüsselte Religion: Epoche des „dritten Tags" *(64 S., Auflage 2013/2015, erste neue Ausgabe 2017, veralteter Titel: A-B-C der Religion)*
8. *Gesetzlicher Zusammenhang der Welt (76 S., erste neue Ausgabe 2017, siehe 2.)*
9 Meine Heimat sei gelobt: Geschehen am Waldsee *(36/64 S., erste/erw. neue Ausgabe 2017)*
10. Allgemeine Statuten des Vereins durchsichtige Parteinen (VdP e.V.): Satzung - Geschäftsordnung - Grundsatzprogramm *(48 S., erste Version 1989, neue - gemeinnützige - Version 2017)*

In Vorbereitung ein Theaterstück: „Das Symbol" (voraussichtlich 2019).

Die genannten Bücher stellen eine Einheit dar. Als Modellsystem sind sie zielgerichtet und in sich schlüssig - in naturgesetzlichen Zusammenhängen! Das **erste** Buch gilt als Grundlage für das **zweite**, auf dem das **dritte** bzw. **vierte** (reich bebildert) aufgebaut ist.

Das **fünfte** Buch - mit autobiographischem Anteil - ist die „Wurzel" der genannten Bücher. Es kreist um ein rätselhaftes Geschehen, das dem Autor vor Jahren widerfuhr. Weil alle Deutungen mangelhaft gewesen sind, hat er es verdrängt und vergessen. Unbewusst aber ist er den Weg gegangen, der ihm gewiesen wurde. - Er ringt um Erkenntnis, durchdringt Theorien und Philosophien. Politische Arbeiten folgen, theoretisch und praktisch. Nach langer Suche erst, im „fernen Land", erkennt er ein *Leuchtbild* und findet seine Seelenruhe.

Das **sechste** Buch ist ein Ausschnitt des **fünften**.

Das **siebente** Buch ist eine notwendige Ergänzung des **sechsten** und **fünften**.

Das **achte** Buch ist ein Ausschnitt des **zweiten** (siehe dort). Mit ihm erst ist das *Prinzip der kleinsten Wirkung* bzw. *des kleinsten Aufwands* neu erkannt und wegen seines natürlichen und universellen Charakters auf das 3. und 4. Buch bezogen worden - als *neues Paradigma* auch für Ethik, Politik bzw. Parteiarbeit. Die Ethik gehört, begrenzt, zur Naturwissenschaft.

Mit dem **neunten** Buch ist das rätselhafte Geschehen endlich entschlüsselt - auf Grund der kantschen „Kritiken". Übrig bleibt dennoch ein „Rest", der als Berufung gedeutet wird.

Wir leben im Zeitalter der Gentechnik. Ein Krimineller will sich behandeln lassen, mit kleinstem Aufwand - hin zu *sittlichen* Merkmalen. Wenn die Technik beherrscht würde, könnte dies durch Eingriff in die Keimbahn - durch Anlageveränderung - erreicht werden.

Jede Gesellschaft lässt sich als Gesamtarbeiter auffassen, als kombiniertes, aufeinander abgestimmtes Arbeitspersonal, das alle Arbeiten verrichtet. Im Gesamtarbeiter üben Menschen ähnliche Funktionen aus wie Zellen im Körper des Kriminellen.

Der Gesamtarbeiter hat nicht nur Organe, sondern auch eine „soziale Anlage" - ähnlich der genetischen Anlage des Kriminellen. Jeder Eingriff an der „sozialen Anlage" würde den Gesamtarbeiter nachhaltig verändern. Was bezweckt der Vergleich?

Reformkräfte sollten nicht vergeudet, nicht an Unwichtigem erschöpft werden: *Sittliche* Strukturen wachsen vorrangig der Anlage gemäß. Die Anlage sollte verändert werden (Prinzip des kleinsten Aufwands). Was ist die „soziale Anlage" des Gesamtarbeiters?

Antworten gibt das vorliegende Buch (ergänzende Beschreibungen sind unter „Biologische Aspekte/Vergleiche" im zweiten Buch zu finden).

INHALTSVERZEICHNIS

Vorwort (Entwürfe)

Vor knapp dreißig Jahren, nach einer persönlichen Niederlage, begann ich, über mich und meine Umwelt neu nachzudenken. Das Fundament, auf dem ich fest gestanden hatte, war plötzlich weggebrochen. Ich fiel ins Ungewisse, irrte lange umher, versuchte dieses und jenes. Auf langen Wanderungen durch Heide und Wälder durchdachte ich vieles neu. Bücher und Zeitungen gaben mir Anregungen, weniger Gespräche. Allmählich wurde ich wieder sicherer. Ich besann mich auf Grundwerte und auf früher erworbenes Wissen, das ich mit neuem verquickte und zu einem schlüssigen Ganzen aufbauen wollte.

In jener Zeit, als die Spannungen zwischen dem kapitalistischen und sozialistischen Lager immer stärker wurden, erschien mein erstes Buch: „Entwicklungslinien naturphilosophischen Denkens ..." Schon am Titel ist erkennbar, dass nicht der reale Sozialismus bzw. Kapitalismus beschrieben worden ist, sondern nur die erkenntnistheoretischen Grundlagen beider Wirtschafts- und Gesellschaftsformationen.

Der Sozialismus baut auf dem dialektischen und historischen Materialismus auf, der Kapitalismus/Liberalismus - scheinbar und zweckgemäß - auf dem philosophischen Idealismus. Vor Jahrhunderten schon, lange vor Beginn der sozialistischen und kapitalistischen Produktionsweise, begann der Kampf zwischen diesen Philosophien. Unter Einbeziehung naturwissenschaftlicher Theorien ist er bis zu uns fortgesetzt worden (im 18. Jahrhundert explizit). Beide Richtungen haben sich angenähert und erheblich verändert. Mit dem Niedergang des Sozialismus ist der politische Kampf nicht beendet worden.

Im ersten Buch sind naturphilosophische Entwicklungslinien beschrieben worden, die sich gegensätzlich zueinander verhalten. Schritt für Schritt sind sie zusammengeflossen, gemäß dem *Hegel*schen Satz: These - Antithese => Synthese. Gegen Ende des ersten Buches ist das gesamte Problem, mit Hinweis auf naturwissenschaftliche Theorien, einer Lösung zugeführt worden, die weder materialistisch noch idealistisch bzw. sowohl materialistisch als auch idealistisch genannt werden kann: Die Lösung wäre ein höheres „Drittes" - gemäß *Hegel*schem Satz, dem unser Grundgesetz übrigens entsprechen würde - das gesetzgebende Parlament: Regierung - Opposition => neues Gesetz.

Jeder, der unter Menschen gelebt hat, kann bestätigen: Gegensätze erzeugen Bewegung und Veränderung - als ein umfassendes Merkmal des Lebens! Der Tod ist gegensatzfrei: Er ist die Ruhe. Gegensätze sind überall. Sie erzeugen anderes. Auch mein Schicksal, das mich damals niederdrückte, könnte dialektisch beschrieben werden.

Ins höhere Dritte fließen Elemente aus früheren Gegensätzen irgendwie ein, im Kleinen wie im Großen. Im zweiten Buch (Modellsystem der realen Welt) ist der Mensch zuerst beschrieben worden, seine Anlagen, Neigungen und Bedürfnisse. Danach sind Erkenntnisse aus dem ersten Buch herangezogen und auf Gesellschaften übertragen worden. Nach wie vor nämlich existieren quasi sozialistische Wirtschafts- und Gesellschaftsformationen auf der einen und kapitalistische auf der anderen Seite. Durch den erzwungenen Umbau der Sowjetunion und den Zusammenbruch befreundeter Staaten ist das sozialistische Lager erheblich geschwächt worden. Doch wichtige Machtpfeiler wie Partei, Staat, Staatsführung kontrollieren mancherorts weiter sozialistische „Führer".

Nach sozialistischer Theorie, die unten behandelt wird, muss jede Gesellschaft im Laufe ihrer „Entwicklung die materiellen Bedingungen einer neuen selbst erst produzieren, und keine Kraftanstrengung der Gesinnung oder des Willens kann sie von diesem Schicksal befreien."[1] Besonders im asiatischen Raum, wo die Wirtschaft derzeit zügelfrei läuft (Staatskapitalismus), versucht man, dem zu entsprechen. Vielleicht wird man zu passender Zeit die Zügel wieder straffen ziehen.

Passend zu den genannten Wirtschafts- und Gesellschaftsformationen werden im vorliegenden Buch die politischen, ökonomischen, sozialen „Leitfiguren" herausgestellt, die sich gegenseitig bekämpfen. Auf der einen Seite steht das Bild vom redlichen, tatkräftigen Arbeiter, der dem Kollektivismus(!) verpflichtet ist, auf der anderen Seite steht das Bild vom freien, autonomen Bürger, der u. a. als Unternehmer auftritt und den Liberalismus(!) verkörpert. Beide Leitfiguren, deren Umrisse mehr und mehr verschwimmen, sind keine realen Typen.

Im vorliegenden Buch erscheint ein *Handlungskonzept,* das im zweiten Buch angedeutet wurde. Mit ihm sollen beide Leitfiguren aufgehoben, zum andern in Gerechtigkeit vereint werden. Was unter Gerechtigkeit zu verstehen ist, wird im fünften Kapitel behandelt.

Wir müssen uns als vergängliche Zellen im geschichtlichen Prozess sehen. Unsere Werke gelten nicht für alle Zeit: Sie bringen den Prozess nur ein Stückchen voran. Der sich einstellende Zustand wird von anderen weiterbearbeitet und wieder ein Stückchen vorangebracht. Mit dieser Hoffnung sind die Bücher geschrieben worden.

Wie zukünftige Gesellschaften aussehen werden, kann weder ich noch sonst jemand sagen. Nur eines ist gewiss: Sie werden weder sozialistisch noch kapitalistisch heißen können. Gewisse Elemente von beiden werden erhalten bleiben, in Höheres einfließen. Ideologien wie die des Materialismus und Idealismus werden sich mehr und mehr vereinen. Begriffe wie Sozialismus und Kapitalismus werden ihre Bedeutungen verlieren.

Als schlüssige Einheit sind die Bücher geplant worden. Weil jedes ohne die anderen verstehbar sein soll, ist es nicht zu vermeiden gewesen, einige Inhalte zu wiederholen. Alle Bücher habe ich selbst redigieren müssen. Mögliche Schreibfehler möge man tolerieren.

Neben der Berufsarbeit habe ich lange zugebracht, diese Bücher zu schreiben. Die wichtigsten Erkenntnisse stammen aus persönlichen Erlebnissen. Ich weiß wohl, dass Menschen in verschiedenen Welten schicksalhaft aufwachsen und verschieden darum denken. „Entwicklung“ (von Recht und Gerechtigkeit) heißt mein Anliegen.

Ich bin ein Mensch und habe auch irren können. Doch ich habe mich um Wahrheit bemüht, habe geschrieben, wie der „Gedanke“ es befahl (fünftes Buch, Kapitel 1. 5). Zweiseitig sollten wir handeln: zu besten Ergebnissen mit kleinstem Aufwand gelangen. Biologische Kenntnisse sind ins Handlungskonzept eingeflossen. Ich bitte Sie, es redlich zu prüfen.

Buchholz i. d. N. 1990/2006 Bernhard Marxen

Vorwort (erste neue Auflage 2017)

Vom Autor ist ein „Modellsystem der realen Welt“ errichtet worden, das in 10 (11) Büchern erklärt, begründet, funktionalisiert worden ist, doch praktizierbar nur im *dritten* oder vierten Buch.

Mit Hilfe von *Entwürfen* ist das Modellsystem mehrmals überarbeitet bzw. neu aufgebaut worden (alle Entwürfe sind ungültig geworden). Der besseren Übersicht wegen habe ich eine Graphik beigefügt - im 14. Kapitel des vorliegenden Buches.

Das Modellsystem (dreistellig: Subjekt-Modell-Objekt) kann als Mittel der Erkenntnis ebenso wie als Mittel zur Einwirkung auf das Objekt fungieren (politische Parteien, gesetzgebende Parlamente). Beide Funktionen habe ich beschrieben.

Im ersten Buch wurde nach einem Prinzip gefragt: dem primären Prinzip! Im zweiten Buch wurde die Frage beantwortet - durch Rückgriff auf das erste Buch: auf das *Prinzip der kleinsten Wirkung* bzw. *des kleinsten Aufwands,* das sich als natürlich und universell erwiesen hat und als *primäres Prinzip* gelten kann: als neues Paradigma auch für Ethik, Politik bzw. Parteiarbeit.

Das Prinzip der kleinsten Wirkung erstreckt sich sowohl auf die *Strategie* (kleinster Aufwand) als auch auf das *Ziel* des Handelns (kleinster Zwang bzw. Widerstand). In logischer Erweiterung der klassischen Kausalität stellt es eine Komplementarität dar (Strategie-Ziel).

Vor dem Hintergrund einer natürlichen Gesetzeseinheit (zweites Buch) ist jedem Lebewesen Freiheit zuerkannt worden, am weitesten dem Menschen. Die *natürliche Gesetzeseinheit* lässt Grenzen der Freiheit erfahrbar werden - bei Strafe von Verletzung oder Untergang. Weil Grenzen der Freiheit oft verspätet erkannt werden, ist eine Ethik erforderlich, die am Gemeinwohl, am sittlichen Bedürfnis der Menschen ausgerichtet ist.

Die Bücher zwei bis acht sind um sittliche Freiheit, um Grenzen und Spielräume bemüht, wobei im vorliegenden Buch *„Die Aufgabe"* formuliert und konkretisiert wird: die „Zum sittlichen Recht". Mit dem neunten Buch erst, das auf das fünfte zurückgreift (Kapitel 1.5), ist das *Geschehen am Waldsee* entschlüsselt worden - auf Grund der kantschen Philosophie. Das zehnte Buch beschreibt die neuen - gemeinnützigen - Statuten des Vereins durchsichtige Parteien (VdP e.V.).

In einem Zeitraum von über dreißig Jahren sind die Bücher geschrieben worden, die zusammen eine Einheit bilden und in sich schlüssig sind. Einige Literaturbelege könnten als „veraltet" eingestuft werden, der Inhalt der Einheit jedoch keineswegs.

Buchholz i. d. N. 2017 Bernhard Marxen

1. Einleitung

Verknappung von Rohstoff, Umweltbelastung, Überbevölkerung, Verarmung von Südregionen gefährden den Fortschritt, aber auch die Gesundheit und das Wohlergehen unserer Kinder und Kindeskinder. Durch Krieg und Not erlebt die Welt gewaltige Wanderungen. Sie erreichen ein Ausmaß, das seit der Völkerwanderung im ersten Jahrtausend nicht mehr bekannt ist. Der Wanderungsdruck zwischen Ländern des Südens, aber auch vom Süden zum Norden wird sich möglicherweise verstärken, wird den Frieden gefährden sowohl in den Ländern als auch untereinander. Mit noch stärkerer Wanderung ist zu rechnen, falls es zu prognostizierten Umweltkatastrophen käme - durch die globale Erwärmung und weiter um sich greifende Steppen- und Wüstenbildung.[2]

Verfolgung, Existenznot und Umweltzerstörung sind Ursachen heutiger Migration, die erst dann abebbt und sich auflöst, wenn die nationalen und internationalen Anstrengungen zur Verwirklichung der Menschenrechte, zur Beseitigung von Armut und krasser Ungleichheit erheblich verstärkt werden.

Es gibt Länder, wo Menschen wie vor Jahrhunderten (Jahrtausenden) leben. Das ist ungerecht: Menschen erwirtschaften Güter, die ihre Kinder erhalten sollen, die ihrerseits das Erbe mehren würden und dadurch Freizeit zur geistigen Fortbildung hätten. Doch wenn sie weiterhin ausgenutzt werden, weder lesen noch schreiben können, nur Vieh hüten und Feldwirtschaft betreiben, ihre politische Führung aber Kriege führt und mit gekaufter Technik im Luxus lebt, so wird ihnen genommen und nicht gegeben. So geschieht Unrecht an ihnen: Verachtung, Ausnutzung - ohne mit solchen Worten falsch zu liegen. Das Kind in der Hütte könnte hierzulande Professor werden.

Wir brauchen dringend Folgendes: eine Entwicklungshilfe, die den wirklich Bedürftigen zukommt und Hilfe zur Selbsthilfe ist. Das aber wird Armut, Krieg und Unterentwicklung nicht aufheben können, weil aus armen Ländern höhere Gewinne zu uns fließen als umgekehrt. Deshalb sind hierzulande Gesetze und staatliche Kontrollen erforderlich, die das unterbinden. Gesetze, die so formuliert sind, dass vorhandene Schwächen auf der Gegenseite nicht ausnutztbar sind, dass Unterentwicklung durch sie überwunden wird.

Welche erwachsene Person würde die Schwäche eines Kindes zu seinem

Vorteil ausnutzen? Jeder, der so handelt, würde bei uns gemaßregelt oder gar bestraft werden. Welche erwachsene Person würde einem Jugendlichen gefährliche Waffen und modernste Technik liefern und dafür Besitztümer von ihm nehmen, die er von seinen Vorfahren erhalten hat? Nach unserem Rechtsverständnis darf der Jugendlich nur das erhalten, was ihm förderlich ist, was ihn zur sparsamen, verantwortungsvollen und autonomen Person werden lässt. Dafür wird er das leisten müssen, was ihm nicht schadet und auch dem Geber noch Vorteile bringt.

Mit Entwicklungsländern wird anders verfahren. Reiche Industrieländer sind weniger an deren Entwicklung interessiert als an Rohstoffen, billiger Arbeitskraft und geostrategischer Lage. Dagegen könnten Entwicklungsländer, die durch Verständnis und angepasste Förderung zur Mündigkeit gelangten, für die Förderer ebenfalls nützlich werden. Neue Märkte würden entstehen, Kaufkraft wäre vorhanden: zivilisiertes Leben, Arbeiten und maßvolles Genießen-können überall.

Wer am meisten für solche Entwicklung tut, tut am meisten für sich selbst. Denn Freundschaft zwischen Personen wächst nur durch gegenseitige Dienste. In allen Fällen ist zu bedenken, dass der Wert personen- und länderübergreifender Dienste für den Gebenden nicht geringer ist als für den Empfänger.

Unsere Gesellschaft ist reich und wohlhabend geworden, trotz gewisser Einbußen. Jedoch sind Armut und Elend in Ländern des Südens auch eingebettet in die Unaufrichtigkeit korrupter Politiker, die in stillschweigendem Einverständnis mit hiesigen oder ausländischen Interessen nationale Reichtümer zum eigenen Profit umlenken. Dies ist Diebstahl, was immer auch als legale Tarnung benutzt wird.[3]

Politische und gesetzliche Veränderungen im eigenen Land tragen langfristig dazu bei, dass den breiten Bevölkerungen der armen Welt das Überleben gesichert und menschenwürdiges Dasein ermöglicht wird. Gerechte Verhältnisse hier im Land sind Entwicklungsländern größte Hilfe! Das vor allem sei betont.

Das Handlungskonzept, das im Vorwort erwähnt worden ist, berücksichtigt Erkenntnisse aus der politischen Ökonomie der Interessensgruppen. Kleine Gruppen sind schlagkräftiger als große, weil Mitglieder starke Anreize verspüren und sich entsprechend engagieren.

Mit dem Handlungskonzept sollen Kräfte nicht ins Leere gehen, nicht an Nebensachen sich vergeuden. Mit kleinstem Aufwand sollen beste Ergebnisse erzielt werden (Prinzip des kleinsten Aufwands), was Kenntnisse über unsere Gesellschaft bzw. unser politisches System voraussetzt. Schwierige Aufgaben lassen sich mit Denkverstärkern (vernetzten Computern) besser lösen. Systemaufbau, Mängel des Systems, Strategie und Ziel sind die wichtigen Merkpunkte, womit die Reihenfolge meines Vorgehens festgelegt ist.

Zuerst ein Blick auf Gesellschaftsformationen, auf Bewegungen des Sozialismus und Kapitalismus. Beide Bewegungen haben Tatsachen geschaffen, aus denen wir lernen können.

2. Gesellschaftsformationen

Der Begriff der Gesellschaftsformation stammt aus der materialistischen Philosophie. Er meint, dass die Menschen gesellschaftliche Verhältnisse eingegangen sind, die nach ökonomischer und ideologischer Art eingeteilt werden können, wobei die ökonomische bestimmend ist und entsprechende Vorstellungen, Beziehungen und Institutionen hervorgebracht hat. Zwar ist mit jeder Gesellschaft eine Mixtur verschiedener Formationen gegeben, jedoch die jeweils höchstentwickelte bestimmt den Spielraum der weniger entwickelten. Zuerst zur sozialistischen Formation.

2. 1. Sozialismus

Die Mehrheit sehnt sich nach einer Gesellschaft, in welcher der Mensch im Zentrum der Bemühungen steht. Propheten des Alten Testaments, Philosophen des klassischen Altertums, Verkünder des Christentums haben soziale Verhältnisse kritisiert, haben das Verhalten der im Überfluss Genießenden angeklagt, haben Reformvorschläge gemacht, haben ermahnt und gepredigt, haben Bilder einer besseren Welt entworfen - mit Phantasie und Leidenschaft.

Die ersten *revolutionären* Versuche für eine sozialistische Ordnung unternahm Th.Münzer (1489-1525) in der Bauernkriegs- und Reformationszeit. Sein politisches Programm fordert die Herstellung des „Reiches Gottes“ auf Erden. „Unter dem *Reich Gottes* verstand Münzer aber nichts anderes als einen Gesellschaftszustand, in dem keine Klassenunterschiede ... bestehen.“ [4] Vollständige Gleichheit sollte hergestellt, alle Güter und Arbeiten sollten gerecht verteilt sein. „Nicht nur die damalige Bewegung, auch sein ganzes Jahrhundert war nicht reif für die Durchführung der Ideen, die er (Münzer) selbst erst dunkel zu ahnen begonnen hatte.“ [5]

Zwischen dem 16. und 18. Jahrhundert trat der Unmut in utopischen Schilderungen auf, die eine ganze Literaturgattung kennzeichnen, jedoch politisch unwirksam blieben. Als Prototyp gilt die „Utopia“ des Th.Morus (1468-1535). Andere Versionen stammen von Th.Campanella (1568-1639) und F.Bacon (1561-1626), die keine Verwirklichung anstrebten, jedoch das Gemeinwohl im Auge hatten.

Außer den Utopien erschienen recht häufig Kritiken am Privateigentum, insbesondere im 18. Jh. in Frankreich. J.-J. Rousseau (1712-1778) beschrieb mit dem im „Contrat Social“ stehenden Satz „der Mensch ist frei geboren, und überall liegt er in Ketten" das Lebensgefühl seiner Zeit. Er forderte Staat und Staatsführung auf, den Besitz gerechter zu verteilen.

Die sozialistischen Vorstellungen wurzeln in rationaler Aufklärungsphilosophie. Doch Gleichheit, Freiheit, Brüderlichkeit als Wahlspruch der Französischen Revolution gingen verloren, was F.N.Babeuf (1760-1797) frühzeitig erkannt hatte. „Er ging davon aus, dass die natürliche Ordnung auf Grund der Unwissenheit der Menschen unvollkommen war und verfiel." [6] Die gerechte Gesellschaft war folglich auf revolutionärem Wege zu verwirklichen. „Wissenschaft und Kunst sollten aus ihrer Abhängigkeit von der Gunst der Reichen befreit werden und dem ganzen Volk zugute kommen." [7] Seine Aktion erstickte im Blut, endete mit seiner Hinrichtung und musste wegen ökonomischer Bedingungen auch scheitern. Die Babeufsche Vorstellung aber, dass eine politische Elite - stellvertretend für das Volk - die bürgerliche Herrschaft stürzen müsse und zur Niederhaltung konterrevolutionärer Bestrebungen, zur Aufklärung des Volkes, zum Aufbau einer sozialistischen Ordnung eine Übergangsordnung mit revolutionärer Diktatur (Diktatur des Proletariats!) erforderlich sei, wurde im 20. Jahrhundert weltweit durchgesetzt.

Das revolutionäre Vorgehen der Sozialisten bzw. Kommunisten brachte unzulängliche Strukturen hervor: Die installierten sozialistischen Systeme gingen nicht aus dem Bewusstsein ihrer Völker hervor. Die erste Generation der neuen Machthaber, die der Revolutionäre, ist dem Volke noch verbunden. Die zweite Generation ist schon korrupt: Sie kommt ohne vorrevolutionäre Erfahrung zur Macht und nutzt diese Macht auch zur Absicherung ihrer Privilegien. Es liegt die Vermutung nahe, dass dies nicht verhinderbar ist, da die Macht vom noch unterentwickelten Bewusstsein des Volkes nicht ausgeht, nicht kontrolliert und getragen wird. Das durch Revolution einer Minderheit entstandene Gesellschaftssystem schwebt gleichsam über dem Bewusstsein des Volkes. Wichtige Inhalte müssen in nachfolgenden, lang andauernden Entwicklungsphasen von diesem Volk noch erstritten werden. Das trifft auf alle Revolutionen zu, rückblickend auch für die Werte und Inhalte der Französischen Revolution, die zu einem Teil nur verwirklicht sind.

Um die Wende zum 19. Jahrhundert kamen neue Produktionsweisen auf. Handwerkliche Arbeit in der Manufaktur ging in industrielle Fabrikproduktion über. Die industrielle Revolution brach sich Bahn, veränderte die Wirtschafts- und Gesellschaftsordnung, wobei die ökonomische, soziale und politische „Leitfigur" des Feudaladels durch die des Bürgers (Bourgeois) ersetzt wurde, in Frankreich auf revolutionärem Weg, in den übrigen Ländern gleitend. Das Bürgertum wurde die bestimmende Klasse. Am Ausgang des 18. Jahrhunderts besaß es weder die politische Macht noch die Kontrolle über den Staat, beherrschte nur die ökonomische Basis. Die Feudalaristokratie wurde von ihr im Namen der gesamten Gesellschaft bekämpft, also auch der Armen und Arbeiter. Dazu waren die philosophischen Erkenntnisse der Aufklärung nützlich, wonach jegliche Unterdrückung abzuschaffen, die ewige Gerechtigkeit herbeizuführen und die reine Wahrheit im Namen der Vernunft zu verkünden war. Das Ereignis von 1789 sollte der Anfang der neuen Ordnung sein. Doch die Ordnung wurde auf dem Rücken der Lohnempfänger, der Arbeiter, durch ihren Fleiß und Schweiß aufgebaut, von Sklavenwirtschaft ganz zu schweigen. Die „Versprechungen der Aufklärung waren eben doch nicht für den Menschen allgemein, sondern für den Menschen des 18. Jahrhunderts gedacht, der die Macht eroberte: für den Bürger ... Die Kehrseite der triumphierenden bürgerlichen Vernunft“ wurde „sichtbar: die Knechtschaft der einen zugunsten des Profits der anderen.“[8] Insbesondere die Industrie- und Landarbeiter wurden zu neuen Sklaven, die den Reichtum und Luxus erarbeiteten und selbst im Elend versanken. „Es ist die Regel, dass man bereits im Alter von acht Jahren tief unten in den Minen arbeiten muss, und die Arbeiterviertel bezeugen das Elend.“[9] Wenn derzeit die Auffassung vorherrscht, dass dies der Vergangenheit angehört, dann ist auf Länder und Kontinente zu weisen, wo solche oder ähnliche Brutalität zum „Schicksal“ von vielen Millionen gehört.

Die dem Kapitalismus innewohnenden Widersprüche erkannten am Anfang des 19. Jahrhunderts die sogenannten Frühsozialisten oder utopischen Sozialisten, unter anderem C.H.Saint-Simon (1760-1825), C.Fourier (1792-1837) und R.Owen (1771-1858). Sie klagten die Auswüchse des Kapitalismus an und entwarfen ideale Gesellschaftsordnungen. Das Erbrecht wollte man abschaffen oder weitgehend beschneiden, ebenso den Privatbesitz an Produktionsmitteln, weil die kapitalistische Produktionsweise die menschlichen Beziehungen verdarb, das körperliche, geistige, sittliche Elend der Arbeiter und das asoziale Verhalten der herrschenden Klasse verursachte. Das Ziel war die klassenlose Gesellschaft mit genossenschaftlicher Gütererzeugung und Güterverteilung. Veränderungen wollte man im Sinne der Aufklärung vorantreiben: durch Umerziehung - auch der Kapitalisten -, durch Überzeugung und Einsicht, also freiwillig und in rationaler Weise.[10] Erkannt wurde dabei nicht, dass im Rationalismus der Aufklärung, in dessen Aussagen, die zukünftige Unterdrückung schon vorbereitet war, insbesondere im Freiheitssatz, der, vieldeutig festgeschrieben und wirtschaftlich angewandt, zur Ausbeutung, zur geistigen Verarmung, ja Verkrüppelung der wirtschaftlich Schwächeren, der Arbeiter, führen musste (Arbeitslosigkeit - längstmögliche Arbeitszeit bei niedrigstem Lohn).

Eine neue Etappe der sozialistischen Bewegung begann in Frankreich nach der Revolution von 1830, in deren Verlauf die Arbeiter und ihre Verbündeten mehr und mehr erkannten, dass die Regierung durch keinerlei Maßnahmen ihre Lage verbessern wollte. Sie griffen die Ideen Babeufs erneut auf. Zuerst wurden die Gedanken „in den dunklen Straßen und überbevölkerten Gassen der Pariser Vorstadt Saint-Antoine erörtert, bald darauf in den Geheimversammlungen von Verschwörern“, der Sozialismus „breitete ... sich schnell über Paris, Lyon, Toulouse und die anderen Industriestädte des Reiches aus.“[11] Deutsche Emigranten, politische Flüchtlinge der *Metternich*schen Politik gründeten 1834 in Paris den demokratisch-republikanischen Geheimbund der Geächteten, aus dem 1836 der „Bund der Gerechten“ hervorging.[12]

Mitglied und Mitbegründer dieses Bundes war W.Weitling (1808-1871), der laut F.Engels (1820-1895) den deutschen Sozialismus gründete.[13] Seine mit Bibelstellen belegte Theorie fußt auf den Prinzipien der Gleichheit und Solidarität, auf allgemeiner Arbeitspflicht und Gütergemeinschaft. In seinem Buch „Die Menschheit, wie sie ist und wie sie sein sollte“ (1838) beschreibt er den Weg zur Gemeinschaft in Frieden. Ab 1841 benutzt er die Begriffe „Kommunist“ und „Kommunismus“. Sein Aufsatz „Die Kommunion und die Kommunisten“ verrät schon im Titel die gedankliche Koppelung des gemeinsamen Herrenmahls mit der Gütergemeinschaft zur religiös fundierten Universalfamilie, zur ganzen Menschheit.[14]

Der Kernbegriff der Familie taucht auch bei dem Schuhmacher A.Kolping auf (1813-1865), der auf mühsamem Weg zur Priesterweihe gelangte. In festem Glauben und durch selbstlose Arbeit konnten bis zu seinem Tod etwa vierhundert Gesellenvereine gegründet werden. In der aufkommenden Industriegesellschaft nämlich hatte Kolping das Gesellen-Elend selbst erleben müssen. Mit seinen Gesellenvereinen, die sich familienähnlich aufgebaut haben, sollte die Gesellschaft wieder gesunden. Sein Name lebt weiter in einigen tausend „Kolpingsfamilien“ und im „Internationalen Kolpingswerk“, welches Gemeinwohl fördern und seine Mitglieder befähigen will, sich als Christen in der Welt zu bewähren.[15]

Besonders in der armen Welt liegt der Akzent verbandlichen Wirkens auf dem Bemühen um menschenwürdige Lebensbedingungen. Vom Ansatz der Hilfe zur Selbsthilfe her stehen die berufliche Ausbildung sowie die Förderung eines handwerklichen Mittelstandes im Vordergrund. Doch zurück zur politischen, kirchenunabhängigen Arbeiterbewegung.

Aus dem Bund der Gerechten wurde ein internationaler Arbeiterbund, der seit 1847 „Bund der Kommunisten“ hieß. Auf dem Londoner Kommunisten-Kongress (1847) erhielten K.Marx (1818-1883) und F.Engels (1820-1895) den Auftrag, das „Manifest der Kommunistischen Partei“ auszuarbeiten. Dieses Programm war für die Öffentlichkeit bestimmt. Es erschien unmittelbar vor Ausbruch der Februarrevolution 1848.

Sozialismus und Kommunismus könnten etwa dasselbe bedeuten (von geschichtlicher Entwicklung abgesehen). Beide Begriffe fassen Anschauungen über ein zu schaffendes Zukunftsideal menschlichen Zusammenlebens zusammen, ohne Klassenaufteilung. Da um die Mitte des 19. Jahrhunderts die Mehrheit der Menschen als Arbeiter, Bauern, Sklaven größte Unterdrückung erfuhr, musste nach Marx infolge einer Reihe heftiger Wirtschaftskrisen die Eroberung der politischen Macht in der „Periode der Diktatur des Proletariats“ geschehen, womit gemeint ist, dass „diese Diktatur selbst nur den Übergang zur Aufhebung aller Klassen und zu einer klassenlosen Gesellschaft bildet.“[16]

Die von Marx gewählten Begriffe wirken aus heutiger Sicht abstoßend, verzerrend. Doch man muss sie auf die damals existierenden Verhältnisse beziehen. Eine relativ kleine Gruppe unterdrückt und diktiert(!) die machtberechtigte Mehrheit: die Klasse der Arbeiter, die zu ihrem Recht kommen will. Hinzu kommen die noch existierende Sklavenwirtschaft und das Elend der Sklaven! Nach Marx und Engels entsteht die sozialistische, die wahre Demokratie durch die Macht der Arbeiterklasse: „Der erste Schritt in der Arbeiterrevolution (ist) die Erhebung des Proletariats zur herrschenden Klasse, die Erkämpfung der Demokratie.“[17]

Der Begriff des Sozialismus fasst ursprünglich den der Demokratie - obwohl Marx' Verhältnis zur Demokratie auch anders ausgelegt wird. Man weist im Streit um dieses Verhältnis auf die politische Form des „Klassenkampfes“, auf die Art und Weise, wie die Arbeiterklasse hätte siegen können. Marx' Beitrag zum Klassenkampf ist aber verfälscht worden, wie so manches andere. Er hat den Klassenkampf weder entdeckt noch propagiert, sondern nur seine Ursachen untersucht und versucht, den Weg zu einer klassenlosen Gesellschaft zu weisen. Denn wer vom Klassenkampf spricht, propagiert ihn nicht - wie das so viele behaupten. Dazu schreibt Marx in einem Brief an J.Weydemeyer vom 5. März 1852: „Was mich angeht, so ist es nicht mein Verdienst, das Bestehen von Klassen in der modernen Gesellschaft und den Kampf zwischen ihnen entdeckt zu haben. Lange Zeit vor mir haben die bürgerlichen Historiker die geschichtliche Entwicklung dieses Klassenkampfes beschrieben, und die bürgerlichen Wirtschaftswissenschaftler haben ihre ökonomische Struktur untersucht. Was ich an Neuem gebracht habe, war: 1. gezeigt zu haben, dass das Bestehen von Klassen nur gebunden ist an Etappen der geschichtlichen Entwicklung, die durch die Produktion bestimmt ist; 2. dass der Klassenkampf notwendigerweise zur Diktatur des Proletariats führt und dass 3. diese Diktatur nichts anderes darstellt als den Übergang zur Abschaffung aller Klassen und zu einer klassenlosen Gesellschaft."[18] Der Klassenkampf ist mit der Organisation der Gesellschaft gegeben und überdies mit der Organisation der Welt. Das Ziel, das Marx sich setzt, ist ein Beitrag zur Abschaffung der Klassen, hin zur wahren Demokratie.

In Marx' Konzeption ist der Umfang des Gemeineigentums ebenfalls strittig. Offen ist, ob das Gemeineigentum auf die versorgungswichtigen Produktionsmittel zu beschränken oder ob das Privateigentum abzuschaffen sei. Zudem gehen die Meinungen hinsichtlich der politischen und institutionellen Ausgestaltung des Zukunftsideals weit auseinander. Diese und andere Punkte sind in demokratischen Verhältnissen aber völlig unwichtig! Denn nach Marx und Engels hat die Arbeiterklasse „keine fix und fertigen Utopien ...; sie hat nur die Elemente der neuen Gesellschaft in Freiheit zu setzen ..."[19] Die Verwirklichung der wahren Demokratie ist das vorrangige Ziel und Demokratie bedeutet Volksherrschaft, die alle Veränderungen als willentliche Widerspiegelung aller und im Interesse aller vor dem Hintergrund der jeweiligen Situation durchzusetzen hat.

Man hat die Marxsche Lehre als „wissenschaftlichen Sozialismus" bezeichnet, der in historisch-kritischer Auseinandersetzung die Erkenntnis zieht, dass die Eroberung der Macht weder durch Überredung noch durch Überrumpelung der herrschenden Klasse geschehen kann, sondern nur durch Vereinigung und Organisation der von Wissen(!) geleiteten Arbeiter. Die von Marx herausgestellte politische, ökonomische, soziale „Leitfigur" des Arbeiters (Proletariers) sollte die des Bürgers (Bourgeois) verdrängen, die ihrerseits den Feudaladel und dessen „Leitfigur" verdrängt hatte! An die Stelle der vagen Losung „alle Menschen sind Brüder" trat deshalb der politische Ruf: „Proletarier aller Länder vereinigt euch!"

Der Marxismus behauptet, dass die kapitalistische Gesellschaft infolge der ihr innewohnenden Widersprüche (steigende Arbeitslosigkeit, stärker werdende Krisen ...) zusammenbrechen werde. Diesem durch und durch evolutionären Grundgedanken aber steht die revolutionäre These von der Eroberung der politischen Macht durch das Proletariat gegenüber. Wegen dieser Zwiespältigkeit teilte sich die sozialistische Bewegung am Anfang des 20. Jahrhunderts in eine radikale Gruppe, die dem revolutionären Gedankengang folgte und in eine gemäßigte, die sich bei der Interpretation der *Marx*schen Ansichten an den evolutionären Elementen orientierte. Die Anhänger des revolutionären Marxismus bezeichneten sich als Kommunisten, die der evolutionären Richtung als Sozialdemokraten.

In den westeuropäischen Ländern kam die sozialdemokratische Sichtweise zum Tragen, im asiatischen Raum die revolutionäre, wohl auch deshalb, weil dort das Vermächtnis Babeufs lebendig blieb. Wie erwähnt: Es galt die Vorstellung, mit einer festorganisierten Gruppe die Macht im Land zu erobern und sodann die Machtstellung zur Transformation der Gesellschaft zu nutzen. Der Leninismus, der auf dieser Vorstellung fußt, bezeichnet sich selbst als Anwendung und Weiterentwicklung des Marxismus, in der Epoche des Imperialismus.

V.I.Lenin (1870-1924) hatte ein revolutionäres Programm entwickelt, als theoretische Grundlage parteipolitischen Handelns. Er forderte 1903 auf dem zweiten Kongress der russischen Sozialdemokratie in London ein Bekenntnis zum revolutionären Marxismus, obwohl - als Widerspruch zur *Marx*schen Lehre - in Russland noch feudale Strukturen herrschten! Mit geringer Mehrheit siegten die Radikalen und nannten sich Bolschewiki (Mehrheitler), die anderen Menschewiki (Minderheitler). Die Bolschewiki organisierten eine revolutionäre Kaderpartei. Die ganze kapitalistische Periode, die ihnen als Periode des gesellschaftlichen Verfalls galt, wurde übersprungen! „Der Bauer der Dorfgemeinde wurde als fertiger Sozialist betrachtet.“[20] Und die russische Bauerngemeinde sollte in die sozialistische Gesellschaft direkt einmünden. Man schloss Bündnisse mit nichtproletarischen Schichten und die Verbindung „proletarische Revolution-Bauernkrieg“ führte zum Sieg dieser Elite. In der Folgezeit aber stellte sich parteipolitische Bevormundung ein, später Menschenverachtung, sozialistische Deformation bis zum Extrem! Ein ähnliches Vorgehen - mit gleichen Auswirkungen - wählten chinesische Sozialisten.

Revolutionäre Errungenschaften bedürfen der Kontrolle. Die Gegenwart zeigt, dass die sozialistischen Völker ihre von Revolutionären propagierten Errungenschaften selbst zu verwirklichen und zu tragen haben. Auf der Grundlage der parlamentarischen Demokratie setzten sich übrigens sozialistische Ideale am besten durch. Der gesetzliche Weg führte seit der zweiten Hälfte des 19. Jahrhunderts in ganz Europa zur Bildung sozialdemokratischer Parteien. Vorbild dieser Kampfesweise war die deutsche Sozialdemokratie.[21]

F.Lassalle (1825-1864) hatte sich die *Marx*sche Lehre oberflächlich angeeignet. Er gründete 1863 den „Allgemeinen Deutschen Arbeiterverein". 1869 gründeten A.Bebel (1840-1913) und W.Liebknecht (1826-1900) die „Sozialdemokratische Arbeiterpartei". Beide Gruppen verschmolzen 1875 zur „Sozialistischen Arbeiterpartei Deutschlands", die 1878 verboten wurde (Sozialistengesetze), jedoch 1890 als „Sozialdemokratische Partei Deutschlands" (SPD) wiedererstand. Das 1891 verfasste „Erfurter Programm" war eindeutig marxistisch ausgerichtet. Man bekannte sich zum parlamentarisch-demokratischen Kampf und zum internationalen Sozialismus. An dieser Haltung konnten weder die radikalen Linken noch die Revisionisten etwas ändern.

Die Revisionisten wiesen darauf hin, dass ein deutlicher Unterschied zwischen *Marx*scher Lehre und reformerischer Parteiarbeit eingetreten war. Der wichtigste Theoretiker und Wortführer der deutschen Revisionisten war E.Bernstein (1850-1932), ein langjähriger Freund Engels'. Er versuchte als erster, die von der Partei aufgestellten Annahmen zu korrigieren, damit Theorie und Praxis wieder übereinstimmten. Nur die äußerste Linke, insbesondere R.Luxemburg (1870-1919), brachte den Revisionismus mit dem Berufs- und Sozialprofil der Parteiführung in Verbindung. Die *Bernstein*sche Version siegte nach dem Ersten Weltkrieg. Und mit dem Sieg der Bolschewisten in Russland war die Trennung zwischen beiden vollzogen.

Marx legte Wert auf Erforschung gesellschaftlicher Verhältnisse. Die Parteiarbeit hat deren Ergebnisse zu berücksichtigen. Um die Jahrhundertwende setzten soziale Reformen ein, insbesondere zum Vorteil der Arbeitnehmer (Bildung, Sozialversicherung usw.). Doch Marx forderte auch eine neue Moral und den neuen Menschen mit umfassender Solidarität. Der *Marx*sche Sozialismus sollte die Beziehungen der Menschen verbessern: Antagonismus, Hass, Streit sollten verschwinden - ganz im Sinne christlicher Lehre.

Die sozialistischen Parteien gingen untereinander Verbindungen ein. Das begann 1864 in London mit dem Zusammenschluss sozialistischer Gruppen zur Ersten Internationalen. In der Auseinandersetzung mit Proudhonisten und Bakunisten (Anarchisten) kam es 1872 zur Spaltung und 1876 zur Auflösung dieser Vereinigung. Auf Anregung der deutschen Sozialdemokratie wurde 1889 in Paris eine festere Organisation des Zusammengehens gegründet: die Zweite Internationale, die den Anarchisten die Mitarbeit verwehrte und zudem den 1. Mai als Tag jährlich wiederkehrender Manifestationen proklamierte. Das gemeinsame Programm stützte sich auf *Marx*sche Lehre, in der Behandlung von Einzelfragen begnügte man sich - wegen politischer und sozialer Unterschiede - mit mehrdeutig auslegbaren Kompromissen.

Die Zweite Internationale brach mit dem Ersten Weltkrieg auseinander, weil die meisten sozialistischen Parteien für Kriegskredite stimmten und in die Fronten ihrer Vaterländer einschwenkten. Sie wurde 1923 wiederbelebt und existierte bis 1940. Die Russische Revolution von 1917, die ja die Arbeiterbewegung gespalten hatte, brachte 1919 die Dritte Internationale hervor, die von Moskau aus in engster Verbindung mit sowjetischer Machtpolitik geleitet wurde. Dieser Zusammenschluss wurde als Konzession an die mit der Sowjetunion verbündeten Westmächte 1943 aufgelöst, 1947 wiedergegründet und 1956 erneut aufgelöst. Die von L.D. Trotzki (1879-1940) im Jahre 1938 in Mexiko gegründete Vierte Internationale blieb ohne Bedeutung. Die Zweite Internationale, die 1940 während des Zweiten Weltkriegs ihre Tätigkeit ebenfalls eingestellt hatte, wurde im Juli 1951 in Frankfurt von 34 Ländern (einschließlich der deutschen Sozialdemokratie) als Sozialistische Internationale wiedergegründet, und zwar mit eindeutigem Bekenntnis zu den Prinzipien, Aufgaben und Zielen des demokratischen Sozialismus.

Nachdem die deutsche Monarchie durch Massenbewegung weggespült war, übernahm die SPD die Regierungsgeschäfte. Mit ihr wurde eine Reihe wichtiger Forderungen erfüllt: demokratische Republik, Frauenwahlrecht, allgemeines und gleiches Wahlrecht für alle Parlamente, Achtstundentag und andere Reformen. Tiefergehende Eingriffe in Wirtschaftsstrukturen, Bürokratie und Militär wurden aber versäumt, sodass die Weimarer Republik letztlich untergehen musste.

Nach dem Zweiten Weltkrieg verschmolz im sowjetischen Machtbereich, in der Deutschen Demokratischen Republik (DDR), die SPD mit der KPD zur Sozialistischen Einheitspartei Deutschlands (SED). Nach Umformung zur Volkspartei (Godesberger Programm) stellte die SPD zwischen 1969 und 1983 im Westteil Deutschlands den Bundeskanzler - in sozial-liberaler Koalition.

Man bezog sich auf die Grundwerte Freiheit, Gerechtigkeit und Solidarität, die aus Christentum und Humanismus hergeleitet wurden. Als materielle Basis bot sich ein florierender, keynesianisch gesteuerter Kapitalismus an, der einen bis dahin nicht gekannten Wohlstand brachte. Doch nicht erst seit der Wiedervereinigung Deutschlands (1989/90) und des Umbruchs im sowjetischen Machtbereich unter M.Gorbatschow sind neue Probleme weltweiter Art entstanden (Migration, Finanzkrisen, Islamismus, Terrorismus ...). Das Modell eines sozial gesteuerten gemischten Kapitalismus hat an Glaubwürdigkeit verloren, nicht nur in reichen Ländern, sondern auch in der armen Welt. Dies erklärt ein Aufleben ideologischer Wirtschafts- und Gesellschaftskritik, teils wieder an Marx angelehnt (seit 1998 regiert die SPD hierzulande gemeinsam mit den GRÜNEN, seit 2005 gemeinsam mit der CDU, derzeit regieren CDU und FDP gemeinsam). Frage: Welchen Weg hat man gewählt?

Unter dem Namen Sozialismus haben sich in der armen Welt viele Bewegungen entwickelt. Ihren Sozialismus, der in nationalen Unabhängigkeitskämpfen entstanden ist, definieren sie aus der Gegnerschaft zum Kolonialismus, Imperialismus und Kapitalismus: „Eine arabische Nation mit einer heiligen Botschaft: Einheit, Freiheit und Sozialismus!“ (Baath-Partei) Besonders in der arabisch-afrikanischen Welt, wo Islamisten zur Macht drängen, haben fast alle Länder Europas lebenswichtige Rohstoffe gefunden - schon seit dem 19. Jahrhundert, als Marx noch lebte.

Durch Marx’ Theorie hat die sozialistische Bewegung starken Einfluss erfahren. Er selbst entfaltete keine erfolgreiche politische Tätigkeit, da er eine ausgesprochene Gelehrtennatur war und dem praktischen Leben eher hilflos gegenüberstand. Er stammte aus gutbürgerlichen Verhältnissen. Den ethischen Grundgedanken seines Werkes drückte er im 17. Lebensjahr schon aus. In seiner Abitursarbeit steht: Der Mensch ist von Natur aus so eingerichtet, „dass er seine Vervollkommnung nur erreichen kann, wenn er für die Vollendung, für das Wohl seiner Mitwelt wirkt.“[22]

Nach dem Studium der *Hegel*schen Philosophie wandte sich Marx von der idealistischen Philosophie ab und dem Sozialismus zu, und zwar unter dem Einfluss L.Feuerbachs (1804-1872), der bei materialistischem Ansatz die Liebesbindungen betonte. In kritischer Auseinandersetzung mit Feuerbach, Hegel und den sozialistisch-anarchischen Strömungen baute Marx seine dialektisch-konstruktiven Betrachtungen zu einem Realismus um, den er „Materialismus“ nannte. Die Parteinahme für die Schwachen und Abhängigen führten zum Ausschluss aus seiner Klasse, zu beruflichen Schwierigkeiten, zu politischer Verfolgung, Armut und Exil. Die Stationen seines Lebens waren Paris, Brüssel und London, wo er bis zu seinem Lebensende bleiben durfte. Neben dem wirtschaftlichen, psychischen und physischen Elend, unter dem er seit der Übersiedlung nach London litt, war er zahllosen Angriffen, Kränkungen und Polemiken ausgesetzt. 1867 bekannte er, dass er seinem Werk „Gesundheit, Lebensglück und Familie geopfert“ hatte.[23] Es mag eine Übertreibung sein, sein bester Freund Engels, der ihm und seiner Familie in schwierigen Lebenssituationen so oft beigestanden hatte, sagte an seinem Grab: Er war „der bestgehasste und bestverleumdete Mann seiner Zeit“.[24]

Zu erwähnen ist auch Marx' Neigung zum Ressentiment. Gegner überhäufte er mit ätzender Schärfe und schneidender Ironie, auch mit unsachlichen Worten, die tiefe Wunden schlugen. Diese Widersprüchlichkeit seines Charakters rechtfertigt eine Erhebung zum Heiligen ebenso wenig wie die systematische Herabsetzung seiner Persönlichkeit durch so manchen seiner Biographen. Ähnliches gilt für sein Werk: Die *Marx*sche Lehre wurde einerseits zu einer sozialen und revolutionären Heilslehre verdichtet, andererseits als krankhafte Ausgeburt, als Krebsgeschwür, als Teufelswerk öffentlich diffamiert. All dies ist von Marx' wissenschaftlichem Werk scharf zu trennen und entschieden zurückzuweisen. Marx war der erste, der das Wesen des Kapitalismus erfasste, darstellte und Einblicke in neue gesellschaftliche Zusammenhänge vermittelte.[25] Seiner Person kann man die grausamen Verbrechen in sozialistischen bzw. kommunistischen Gesellschaften späterer Zeit ebenso wenig anlasten wie man der Person Jesu die Verbrechen christlicher Kirchen anlasten kann. Nach Marx gehört dem Volk alle Macht. Macht soll sittlich begründet sein.

Die Industriegesellschaft benötigt zunehmend Personen mit geschulten Fähigkeiten. Die Hochtechnologie entwickelt sich weiter, muss gesteuert, organisiert, reproduziert werden. Das Wissen wächst, steckt in vielen Köpfen, die qualifiziert sind, politische Entscheidungen mitzugestalten oder deren Korrektur öffentlich zu fordern. Gehobene erwerbsbezogene Anforderungen einerseits bewirken andererseits ein höheres Bewusstsein allgemein. Die rationalen Fähigkeiten, die eigentlich und ausschließlich zum Lösen erwerbsbezogener Aufgaben erworben wurden, lassen sich - bei entsprechender Anregung - zum Durchdringen gesellschaftlicher Strukturen mitbenutzen! Dieser Nebeneffekt ist nicht verhinderbar, läuft zur Berufsausbildung immer parallel und führt zur Mitbestimmung fordernden Person. Im ausgewogenen *Leitbild,* das noch vorzustellen ist, werden die Leitfiguren des Feudaladels, des Bürgers, des Arbeiters zum einen aufgehoben, zum andern in Gerechtigkeit vereint.

Eine Beschreibung des Kapitalismus, der dem Sozialismus gegenübersteht, muss ebenfalls erfolgen. Zeitliche Abfolgen des Kapitalismus können aus Beschreibungen des Sozialismus herausgelesen werden. Zuerst drei Zeitebenen (Paulus, Luther, derzeit), wo sich Umdeutungen vollzogen haben.

2. 2. Theologische Umdeutungen

Am Beginn der Neuzeit, im 15. und 16. Jahrhundert, weitet sich der Horizont nach allen Richtungen. Naturwissenschaftliche Erkenntnisse mehren sowohl den Ertrag der Arbeit als auch den des Handels, wobei neue Potenzen ins Spiel gelangt sind: *Banken, Geldwirtschaft, Kolonien!* Weil die Geldwirtschaft der Naturalwirtschaft überlegen ist, beginnt ein Wandel auf sozialem und politischem Gebiet, wobei der mittelalterliche Ritter vom neuzeitlichen Bürger verdrängt wird und der Feudalstaat versinkt. Als Opfer fühlt sich nicht nur der Ritter, sondern auch der Bauer (unfrei) als Neben-Glied der Lehnskette, die bei Adel und Klerus beginnt.

In der Reformationszeit beruft sich Luther (1483-1546) auf die „Quellen", ebenso Th. Münzer (1489-1525), sein späterer Gegenspieler. Dadurch bekommt die Kirche einen neuen Charakter, sozusagen eine innerkirchliche *Demokratie:* alle Personen sind im selben Stand wie im Urchristentum! Wer die Welt verlässt, ins Kloster geht, will Erleichterung haben. Daher lehnt die Reformation das Klosterleben ab und betont sowohl Arbeit als auch Beruf. Von hier aus entwickelt sich ein *Individualismus,* den Paulus, der Apostel für die Heiden, verursacht hat. Luther, der sich auf Paulus bzw. auf dessen „Evangelium" beruft, erwartet vom Werk letztlich nichts, doch alles von der *Gnade,* die aus dieser Welt nicht kommen kann.

In den Paulusbriefen erscheint das Werk gegenüber dem Glauben als unwichtig. Weil das Gesetzeswerk(!) ebenfalls als unwichtig erscheint, breitet sich *Individualismus* aus. Gerechtigkeit durch Glaube hat Paulus gepredigt, nicht Gerechtigkeit durch Glaube und Werk bzw. Gesetzeswerk! Seit Luther, der diese Deutung übernommen und an die Obrigkeit gekoppelt hat, existiert ein *Dogmatismus,* der dem Liberalismus/Kapitalismus entgegenkommt. Münzer hingegen, der die Bauern befreien wollte, hat Jesu Botschaft vom *Heiligen Geist* her ausgelegt, vom Beistand, den Jesus seinen Jüngern versprochen hat (5. Buch, 18.5). Entgegen Paulus sei gesagt: Gerechtigkeit nicht durch göttliche Gnaden-Wahl (Röm 8,29-30/Röm 9,6-24), sondern durch Glaube, Werk, Gesetz bzw. Staat.

Das *Reich Gottes* wollte Münzer verwirklichen, mit Hilfe der Bauern. Das „Reich Gottes im Herzen und unter uns" weist auf den Heiligen Geist. Dennoch hat Münzer, wenn auch unbewusst, die Bauern teils verführt, deren Forderungen überhöht, statt sie realpolitisch zu prüfen. Die Idee des Gottesreiches bzw. Heiligen Geistes wirkt unter den Bedingungen der Welt: vorläufig, partiell, zeichenhaft zwischen „schon" und „noch nicht".

Paulus ist zum „Dienst für die Heiden" berufen worden. Durch Offenbarung erhielt er das „Evangelium (nur) an die Heiden", ohne Jesus vorher gesehen zu haben. In der Reformationszeit sind *viele neue Heiden* aufgetaucht (Entdeckung Amerikas, Kolonien). Von daher ist der Rückgriff auf Paulus zu sehen!! In den *Kolonien* war das religiöse Bewusstsein der *Ureinwohner* vergleichbar mit dem der Einwohner in den römischen Provinzen. Aus heutiger Sicht ist das „Evangelium an die Heiden" nicht mehr zeitgemäß: Zur Sünde verführt es viele Gläubige (7. Buch)!

Im Zentrum der *Botschaft Jesu* steht die Goldene Regel, und zwar als Frage und Antwort. Frage: „Welches ist das größte Gebot im(!) Gesetz?" Antwort: „... Du sollst deinen Nächsten lieben wie(!) dich selbst." (Mt 22,36-40) Aus der Frage ... im(!) ... folgt die Verpflichtung, aus der Antwort ... wie(!) ... folgt das Gleichheitsprinzip, vorrangig die *Gleichheit der Gesetzgebung,* die im Grundgesetz verankert ist - *säkular* (Art. 1(3).

Paulus - römischer Staatsbürger - wollte den Gesetzgeber nicht verpflichten. Er hat das Evangelium Jesu an die römischen Verhältnisse angepasst. Luther/Calvin/Zwingli, die sich auf Paulus berufen, wollten den Gesetzgeber (Fürst, aufsteigendes Bürgertum) ebenso wenig verpflichten. Sie haben den Liberalismus/Kapitalismus *theologisch* untermauert. Theologen unserer Zeit, die den Weltmarkt als Herausforderung und den Islam als neue Gefahr sehen, wollen gleichfalls Spielraum für den Gesetzgeber und betonen *Glaube* und *Gnade,* nicht Glaube und Gebot, Werk und Heiligen Geist. Dem Kapitalismus ist ein neuer Gegenpol zugewachsen: der Islamismus, der die Sünde auszurotten versucht, doch Sünden dabei selbst begeht (6. Buch).

Die Trennung von Religion und Politik ist notwendig! die von *Theologie* und Politik nicht unbegrenzt. Sowohl Bibel als auch Koran fordern das Gebot im(!) Gesetzeswerk, d. h. *säkular* gewendet: die Gleichheit der Gesetzgebung (Art. 1(3) GG. Die Politik erlässt das Gesetz des Rechts.

2. 3. Kapitalismus

Die kapitalistische Wirtschafts- und Gesellschaftsordnung baut auf Privateigentum auf. Sie setzt eine entsprechende Rechtsordnung voraus, die des Privateigentums mit freier Nutzung.[26] Freiheit heißt im Kapitalismus vorrangig wirtschaftliche Freiheit, Nutzung privaten Eigentums auf freien Märkten. Zwecks maximalen Gewinns ist der Einzelne zum freien Vertrag berechtigt, zur optimalen Kombination aller Güter und Kräfte im Wirtschaftsprozess. Die Arbeitsverfassung erlaubt die freie Lohnarbeit, die Organisation fremder Arbeitskraft für primär persönliche Zwecke. Der Produktionsfaktor „menschliche Arbeit" ist ins Marktgeschehen einbezogen (Arbeitsmarkt), was nicht nur Personen, sondern auch Gruppen, Betriebe, Völker betrifft. Auf dem *Arbeitsmarkt* wird die Arbeit des Einzelnen bewertet, gleich *toter* Ware, durch Angebot und Nachfrage!

Als Motor der kapitalistischen Produktion gilt das Gewinnstreben. Dem Staat bzw. der Staatsführung fällt die Aufgabe zu, das erwirtschaftete Eigentum zu schützen und den rechtlichen Rahmen zu setzen. Ins Marktgeschehen soll er nicht eingreifen, sondern nur die persönlichen Freiheitsrechte garantieren. Ein solches Verhältnis „Staat und Gesellschaft" existierte hierzulande bis zum Ausgang des 19. Jahrhunderts. In vielen Ländern ist ein solches oder ähnliches Verhältnis noch bestimmend.

Die Gesellschaften Europas sind keine rein kapitalistischen Systeme mehr. Sie enthalten eine Vielzahl gemeinwirtschaftlicher Elemente (soziale Marktwirtschaft). Sowohl Waren als auch Arbeitskräfte zu vermarkten, ist jedoch geblieben. Einzelne systemfremde Elemente heben den das System bestimmenden Charakter nicht auf. Seine Arbeitskraft zu verkaufen, gilt als Erfordernis weiterhin.

Zum Kapitalismus gehören Innovation und technischer Fortschritt. In großen Phasen haben sich Veränderungen als technische Revolution des Verkehrs- und Informationswesens vollzogen. Sie umschließen die Bereiche der Produktions- und Konsumgüterindustrie. Ursprünge finden sich in Ländern Europas im 18. Jahrhundert. Der Kapital- und Arbeitskräfteexport, der um die mittleren Jahrzehnte des 19. Jahrhunderts einsetzte, erschloss immer weitere Räume. Europa brauchte Rohstoffe und Absatzmärkte für Industrieprodukte. Es schaffte sich Einflusssphären, Handelsniederlassungen usw. Dabei ging das ökonomische Motiv mit dem politischen einher. Der Imperialismus, in den Europa gegen Ende des 19. Jahrhunderts einschwenkte, hat weltweite Verflechtungen gebracht, hat den *Kolonialismus* mit anderen Mitteln fortgesetzt. Von Ausnahmen abgesehen ist die Weltwirtschaft klassengespalten, was der viel benutzte Begriff „internationale Arbeitsteilung" eher vernebelt.

Die Einteilung in Klassen bzw. Schichten beruht auf Arbeitsteilung, sowohl national als auch international (Erste bis Vierte Welt). In Ländern der Ersten Welt haben sich seit der zweiten Hälfte des 19. Jahrhunderts aus zwei Grundklassen (Bourgeoisie, Proletariat) vier Klassen gebildet, was den Verhältnissen in der BRD etwa entspricht.

Das Moment der Rationalität ist mit dem Sieg der Naturwissenschaften auf die Wirtschaft übertragen worden.[27] Die Vorstellung vom freien, autonomen Individuum bildet ein breites Fundament im bürgerlichen Bewusstsein. Als natürlicher, nach Gesetz waltender Bereich ist die Wirtschaft verstanden worden[28], wodurch aber Widersprüche entstehen: Das Individuum muss andere als Objekte auffassen, muss sein Interesse als „Naturgesetz" deuten.

Mit dem Glauben an „wirtschaftliche Naturgesetze" lässt sich schlechtes Gewissen verdrängen, angesichts der Minderheiten, die fast alles haben und der Mehrheiten, die fast nichts besitzen. Doch das „Gesetz des Marktes" ist von *biologischer* Art, gehört mehr zu Darwins Lehre. Die schrankenlose Macht des Geldes ist Ausfluss menschlicher Gier! Darüber nachzudenken, darf die Wirtschaftswissenschaft nicht wagen. Ihr gesamtes, auf „Geld" fußendes Lehrgebäude drohte dann zusammenzubrechen.[29]

Zum Kapitalismus gehören Gewinnstreben und Expansion der Produktion, die unter dem Druck der Konkurrenz neue Märkte erschließt. Unbestreitbar ist: Die kapitalistische Wirtschaft verkörpert gegenüber früheren Zeiten den gesellschaftlichen Fortschritt! Sie hat kolossalere Produktionskräfte geschaffen als alle früheren Epochen zusammen. Die gesellschaftliche Arbeit bewirkte: „Unterjochung der Naturkräfte, Maschinerie, Anwendung der Chemie auf Industrie und Ackerbau, Dampfschifffahrt, Eisenbahnen, elektrische Telegrafen, Urbarmachung ganzer Weltteile, Schiffbarmachung der Flüsse, ganze aus dem Boden gestampfte Bevölkerungen ... Mit dem gleichen Elan, wie die ökonomischen und politischen Schranken des Feudalismus gebrochen wurden, zerbrachen auch die geistigen Schranken, die der Feudalismus und die Kirche errichtet hatten, und der Weg für die Entwicklung der Wissenschaften wurde frei."[30]

Im realen Kapitalismus zeigt sich die Expansion der Produktion verschieden: durch Erschließung geographischer Räume und durch Stimulation menschlicher, auch unechter Bedürfnisse. In unserer Zeit ist die erste Möglichkeit - das räumliche Expandieren - weitgehend abgeschlossen. Um die Expansion weiter zu nähren, werden neue, immer höherwertige Produkte entwickelt. Was ist geschehen?

Produktionskapazitäten sind unausgelastet. Märkte sind gesättigt, trotz Weckung von Bedürfnissen. Mit dem technischen Fortschritt steigt die Produktivität ebenfalls an: Weniger Menschen produzieren in gleicher Zeit immer mehr. Es tritt ein, was G.W.F.Hegel (1770-1831) schon sah. Aus der Produktion treten Menschen zurück: Maschinen ersetzen Menschen. Eine „überflüssige Bevölkerung" ist entstanden.

Im Zuge technischen Fortschritts könnte die Arbeitszeit verkürzt werden, auch bei steigendem Lebensstandard. Die Produktivität würde leicht zurückgehen. Der Arbeitgeber neigt deshalb dahin, die Arbeitszeit zu verlängern, auch bei steigender Arbeitslosigkeit. Andererseits neigen die Arbeitnehmer dazu, aus Angst vor Entlassung, schneller zu arbeiten, was die Produktivität und den Arbeitgebergewinn erhöht. Trotz dieser Tatsachen profitieren auch die Arbeitnehmer. Zu berücksichtigen ist zudem, dass zwischen Arbeitgebern länderübergreifende Konkurrenz besteht!

Im realen Kapitalismus muss der Konsum steigen, besonders in Flautezeiten (Belebung der Binnennachfrage). Die Lebensdauer der Ware wird planmäßig reduziert, erkennbar an Einwegbehältern oder „schönen" Verpackungen. Nahrungsmittel, Kosmetika usw. kommen in Behältern auf den Markt, die nicht zurückgenommen werden. Der Verbrauch der leeren, noch funktionsfähigen Behälter wird erzwungen (Konsumzwang). Unnötige Ausstattungen in Autos, elektronischen Geräten usw. bewirken dasselbe. Zudem werden Bauteile, Kleidung usw. an Stellen größter Belastung geschwächt: Begrenzte Zeiten sollen sie haltbar sein. Bei wachsenden Müllbergen ist der Verschleiß vorprogrammiert. In kürzeren Zeiten sind Waren durch neue zu ersetzen. Fortschritt als zeitliche Entlastung kommt den meisten nicht zugute. Es drängt sich die Frage auf, ob hier sinnvoll gehandelt wird.

Zur Produktion ist nicht nur Material, sondern auch Energie erforderlich, die neben Wind-, Wasser- und Sonnenenergie durch Verbrennen von Ressourcen gewonnen wird (Öl, Kohle, Gas, Uran). Oftmals verschweigen Anhänger der Recycling-Technik, dass recycelbares Material durch Energie einzuschmelzen, neu zu formen ist. Geplanter Verschleiß zwecks maximalen Gewinns ist geplante Verschwendung von Energie und Rohstoffen, die in Jahrmillionen gewachsen sind, innerhalb von Jahrzehnten aber verbraucht werden. An Sammel- und Recycling-Technologien arbeiten Wirtschaft und Gesetzgeber erst in letzter Zeit. Abfallvermeidung und Energieeinsparung werden zwar angestrebt, stehen zur kapitalistischen Wirtschaftsweise jedoch im Widerspruch.

Das Ausnutzen aller Recycling-Möglichkeiten und Filtertechniken ist sicherlich notwendig, geht aber über eine zeitliche Verschiebung des Problems nicht hinaus. Insbesondere der Müll, Abfall, Unrat der kapitalistischen Gesellschaften verschmutzt Luft, Böden, Flüsse, Meere. Das biologische Gleichgewicht der Natur, der Umwelt ist schon längst gestört. Pflanzen- und Tierarten sterben, Menschen erkranken, vergiften sich selbst. Allergien wie Heuschnupfen, Neurodermitis, Asthma nehmen weltweit zu: Während Ende des 19. Jahrhunderts nur einer unter hundert Städtern der Schweiz und nur einer unter tausend Landbewohnern eine Allergie hatte, ist heute eine solche Erkrankung schon bei dreißig bis vierzig Prozent der Erwachsenen Europas in der Anlage, jedoch nicht immer ausgebrochen.[31] Ein Stadt-Land-Gefälle ist praktisch nicht mehr vorhanden. In letzter Zeit geht Abfall nach Übersee.

Unausweichlich bringt die kapitalistische Produktion eine größere Industriedichte, mit negativen Folgen für die gesamte Menschheit. Kernkraftwerke decken Energiezuwächse. Hochradioaktiver Abfall mit Halbwertszeiten von einigen hundert Jahren gelangt zunehmend in Luft, Böden und Gewässer. Die radioaktive Belastung nimmt weiter zu: Radioaktives Material wird in Pflanzen, Tieren, Menschen gespeichert und an bestimmten Stellen angereichert. Solche inneren Strahler aber lösen Mutationen aus. Auch führen chemische Substanzen zu diesen Effekten. Dabei ist zu beachten, dass die Anzahl der ausgelösten Mutationen jeder Strahlendosis direkt proportional ist! Dieses „Gesetz von der Dosisproportionalität“ besagt, dass es für Mutationen keine Mindeststrahlendosis gibt, die überschritten werden müsste. Genetische Veränderungen wirken auf die Konstitution des Menschen aber meist negativ, da der Mensch an seine Umwelt biologisch-optimal angepasst ist. Der Gesundheitszustand kommender Generationen wird sich von der genetischen Anlage her weiter verschlechtern. Fortschritte in der Genchirurgie werden das nicht verhindern.

Kohlenstoffverbindungen, die beim Verbrennen organischer Stoffe entstehen und in die Erdatmosphäre gelangen, werfen Strahlung auf die Erde zurück (Treibhauseffekt). Die Temperaturen steigen (künstliche Warmzeiten), Orkane, zerstörerische Winde entstehen. Die Wüsten dringen weiter vor (täglich zwanzigtausend Hektar). Auf ehemals fruchtbarem Land verhungern Menschen (bis zu fünfzehn Millionen pro Jahr). Die Erdatmosphäre weist Löcher auf, lässt kosmische Strahlung hindurch (Krebsrisiko). Gletscher und Eisschichten der Erdpole schmelzen. Der Meeresspiegel steigt (zwei Millimeter pro Jahr), sodass Land im Meer versinkt. All dies trifft Menschen in der armen Welt mit Sicherheit mehr.

Was wird noch alles geschehen? Die Menschen des Südens wollen gleichgestellt sein. Das ist ihr Recht! Doch die Welt ist überbevölkert, sollte bei hoher Industrialisierung nicht hemmungslos Menschen gebären.

Aus Entwicklungsländern fließen höhere Gewinne in Industrieländer als umgekehrt (einschließlich Entwicklungshilfen). Man kann zurecht von Ausnutzung sprechen. Handelsbeschränkungen und Schutzzölle sind Teil des Weltwirtschaftssystems: „In den großen internationalen Organisationen regiert zumeist nationaler Egoismus mehr als Kooperationswille oder gar Hilfsbereitschaft. Das gilt für die World Trade Organisation, den Internationalen Währungsfonds, die Unterorganisationen der Vereinten Nationen, ja für die Europäische Union. Sie werden fast durchweg dominiert von den Starken.“[32] Von den großen und weiter anschwellenden Kapitalströmen, die derzeit in der Welt umherfließen, gehören den Entwicklungsländern allenfalls kleine Anteile.

Auf Kosten armer, fast nur Rohstoff exportierender Länder wächst der Reichtum nördlicher Länder - trotz Kapitalkrisen! Anschwellende Kapitalströme zirkulieren um die Welt, suchen größtmögliche Anlagegewinne, um noch mehr anschwellen zu können. Kredite, Zinsen, Tilgungen garantieren Zuwächse. Wo jedoch Kredite für Konsumgüter (aus Industrieländern) ausgegeben werden, entstehen Entwicklungsblockaden. Dazu gehört, dass die Geburtenraten steigen. Die Armut muss bekämpft werden, um das Bevölkerungswachstum zu bremsen. Man muss die Frauen entlasten, ihnen Bildung und Einkommen ermöglichen.

Hierzulande hört man: „Die Deutschen sterben aus! Wer bezahlt die Renten?“ Zu bedenken ist: Die Bundesrepublik Deutschland ist bei hoher Industrialisierung eines der dichtest besiedelten Länder der Erde. Hinsichtlich zunehmender Luft-, Boden-, Wasserverschmutzung, hinsichtlich zunehmender Industrialisierung ist es angemessen, dass die hiesige Bevölkerung, trotz gewisser Einbußen, deutlich abnimmt. Zwischen Bevölkerungsdichte und Umweltverschmutzung besteht ein deutlicher Zusammenhang. Die großen Probleme unserer Zeit sind Probleme der Überbevölkerung - auch in unserem Land! Laut Schätzung von Wissenschaftlern kann die Erde, unter industriellen Bedingungen, höchsten drei Milliarden Menschen dauerhaft tragen, die bei Berücksichtigung der Wüsten, Hochgebirge usw. etwa gleich verteilt sein sollten.

Kinder geschenkt zu bekommen, sie sittlich zu erziehen, ist eine der edelsten Aufgaben! In kapitalistischen Systemen wird alles an Geld gemessen - auch Kinder und Kindererziehung.

Unser Land ist rohstoffarm. Deswegen andere betrügen zu wollen, ist verwerflich. Geschäfte werden verdeckt geführt, wobei Bevölkerungen unter eigenen Oberschichten leiden. Doch es kann keine realistische Hoffnung auf einen stabilen Weltfrieden geben, solange ein erbarmungsloser Kampf aller um Rohstoffe stattfindet.

Auf dem Weltmarkt sind freie Nischen nicht mehr vorhanden: Die Haltbarkeit der Ware nimmt ab. Binnenmärkte sind gesättigt und dennoch, die Produktion expandiert, weil ein Nebenmarkt für Waffen existiert, die im Krieg weniger Menschen als Waren zerstören sollen.

Der militärische Nebenmarkt ist für Einzelne verschlossen: Die Staatsführung ist Kunde der Waffenindustrie! Doch Einzelne müssen die Waffen bezahlen. Sie gehören zum Krieg, der Nachfrage schafft. Zwei Weltkriege mit Zerstörung, Aufbau und Profit zeigen deutlich das Prinzip. Kleinere Kriege und bewusst geschürte Konflikte bewirken dasselbe. Laut „New York Times“ lieferten die USA während des Iran-Irak-Kriegs dem einen Waffen (Iran) und beiden verfälschte Geheimdienstunterlagen, um den Krieg in der Schwebe zu halten.[33]

Gewinnmaximierung führt zur Verrohung von Sitte und Moral. Der Einzelne wird nicht nach *ethischen* Normen behandelt, sondern nach wirtschaftlicher Verwertbarkeit (Werbung). Er wird benutzt und benutzt andere und der Ertrag misst sich in Geld, das die persönlichen Eigenschaften vermitteln und die tiefsten Bedürfnisse befriedigen soll.

Alles wird vermarktet, zu Geld gemacht: Sport, Sex, Pornographie, Gewalt. Der Mensch gefällt sich im Perversen, erhebt dies zu seiner Natürlichkeit. Medien sprechen „unbändige“ Kräfte an. Das menschliche Gewissen, die menschliche Psyche insgesamt, verändern sich. Das Individuum verweigert *ethische* Normen, will konsumieren, Spaß haben, seine Sinne, sein Leben genießen (man spielt, lacht, man genießt sich zu Tode). Sogar Lebenspartner werden wie Waren behandelt und bei Konflikten - ähnlich lebloser und verbrauchter Waren - schnell ausgetauscht. Für Kinder sind solche Zustände Teil ihrer Umwelten mit prägenden Effekten. Der Einfühlsame, der sinnlich Anspruchslose ist der weniger Lebenstüchtige.

Die kapitalistische Gesellschaft zeigt neben Mängeln auch positive Merkmale. Konkurrenz, Gewinn- und Nutzenmaximierung sowohl dinglicher als auch menschlicher Ressourcen wirken auf das in den Wirtschaftsprozess eingebundene Individuum motivierend, sind aber auch Instrumente der Disziplinierung! Bei alternativen Nutzungsmöglichkeiten einer Sache ist derjenigen mit größtmöglichem Gesamtertrag zu folgen. Die Wirtschaft erfordert zudem Anpassung und schnelle Entscheidung, die das Individuum wohl am besten einlösen kann. Dies bringt nicht nur den größten privaten, monetären Ertrag, sondern auch gesamtwirtschaftliche Effizienz und damit einen großen sozialen Ertrag! Maximale Effizienz, Geschwindigkeit von Anpassung und die geringen dabei anfallenden Kosten sind von anderen gesellschaftlichen Entscheidungssystemen wie Abstimmung und Absprache kaum erreichbar. Angesichts veralteter Produktions- und Vertriebsstrukturen, rückständiger Geisteshaltung und Hinterwäldlertum wird die zukünftige Gesellschaft auf freies Wirtschaften nicht verzichten können. Im höheren System wären kapitalistische Merkmale integriert.

Zur kapitalistischen Gesellschaft gehören zyklische Phasen. Der Wirtschaftsprozess verläuft impulsartig. Das Produktionsvolumen wächst von Wirtschaftsperiode zu Wirtschaftsperiode. Im Tief der Konjunktur, in Zeiten der Krisen finden soziale Umschichtungen statt, von oben nach unten und umgekehrt. Die ungeheuren Spannungen, die Ängste um Arbeit und Existenz könnten auch Gutes bewirken: Sie könnten treiben, hin zum höheren Dritten: „Zum sittlichen Recht“.

3. Ausblick

Allen sozialistischen Theorien ist gemeinsam, dass sie die Natur des Menschen nicht berücksichtigt haben. Alle Versuche, solche Theorien zu realisieren, sind daher gescheitert. Die verbliebenen Gesellschaften des realen Sozialismus entfernen sich von früheren Idealen. Totale Gleichheit ist eine irreale Vorstellung. Wirtschaftliche Gleichheit ist nur auf Kosten der Freiheit und Produktivität erreichbar.

Als wirtschaftlich Schwächere befinden sich die sozialistischen Gesellschaften mit den kapitalistischen in einer Konkurrenzsituation auf Sein oder Nichtsein, auf Leben oder Tod. In der „Phänomenologie des Geistes“ hat Hegel (1770-1831) den Kampf auf Leben und Tod beschrieben, schon am Beginn des 19. Jahrhunderts.[34] Wann werden die verbliebenen sozialistischen Gesellschaften aufhören zu existieren?

Vom Wesen her müssen sozialistische Gesellschaften nicht aufrüsten. Durch Hochrüstung seitens kapitalistischer Länder sind Kräfte gebunden worden, die den Lebensstandard hätten heben können. Konflikte sind geschürt worden durch gezielt eingestrahlte Information (Satellitenprogramme ...) mit dem Ziel, diese Gesellschaften von innen her aufzubrechen. Personen sind mehr und mehr versucht worden, ins reiche Ausland abzuwandern, was diese Systeme - wegen verlorener Bildungsinvestitionen - weiter geschwächt hat. So wurde nicht nur die Sowjetunion in die Knie gezwungen, sondern auch die deutsche Wiedervereinigung erreicht. Nach Jugoslawien (in Kleinstaaten zerschlagen und von der NATO angegriffen) wird gegen China, Nordkorea, Kuba usw. agiert, andererseits gegen Afghanistan, Irak und Iran (arabischer Sozialismus).

Ohne nochmaliges Aufbäumen gehen mächtige Irrlehren nicht unter. Im sozialistischen Lager, wo man Individualismus zu unterdrücken versucht hat, breitet sich Staatskapitalismus aus. Verachtung äußern jene, die unter ihm leiden, und das ist die große Mehrheit. Die alten Mächte schlingern, die Mehrheit darbt, die neuen Mächte feiern. Wie lange wird es dauern, bis sich „oben“ genug Reichtum angesammelt hat, um nach „unten“ sickern zu können?

Besonders auf der „reichen“ Seite, im kapitalistischen Lager, erzeugen jenseitige Untergangsphänomene neue Ideen. Der Vorrang des Geldes, die Gier danach, lässt Millionen im Elend versinken. Was ist zu tun?

Als übergeordnetes Ziel muss gelten: menschenwürdige Lebensbedingungen für alle, die verfassungsgemäß aufzubauen und abzusichern sind. Es geht um echte Demokratie, um *Teilhabe an der Leitung der Gesellschaft, zu der man gehört (Hegel).* Andernfalls wird der Islamismus weiter vordringen. Theokratie oder Demokratie?

Entwicklungshilfe sollte an zwei Seiten ansetzen: zum einen hier, zum andern in armen Ländern. Weil derzeitige Verhältnisse kaum helfen, sollte ein „dritter Weg" beschritten werden (politisches Handlungskonzept). Entwicklungshilfe in armen Ländern wird im vierten Buch vorgestellt (ohne das *Prinzip des kleinsten Aufwands* wortgenau zu benennen).

Für das Handlungskonzept sind Erklärungen nötig, die durch *biologische* Vergleiche gestützt werden. Strukturen *ethischer* Art sollten aufgebaut werden - vorrangig hierzulande. Schwache Gesellschaften würden große Hilfe bekommen - das sei wiederholt!

Im nächsten Kapitel beginne ich mit einer *einfachen* Beschreibung unserer Gesellschaft - teils *biologisch* gesehen. Nur dasjenige stelle ich heraus, was für das Handlungskonzept wichtig ist. (Die biologischen Vergleiche verdeutlichen auch, was zum einen öffentlich-rechtlich, zum andern privat-rechtlich sein könnte.)

Zunächst gehe ich auf die Grobstruktur der Gesellschaft ein, um zu zeigen, dass alle Erwerbsarbeiten ein gemeinsames Wesen haben und zur Wertbestimmung *einen* gemeinsamen „Maßstab" verlangen, der nicht von biologischer, sondern von *ethischer* Art wäre! Durch Hinweis auf Machtgebilde und staatliche Gewalten wird der Maßstab dann betont.

Es folgt eine kurze Beschreibung über Recht und Gesetz, wobei zwischen *Rechtsanwendung* und *Rechtssetzung (Gesetzgebung)* unterschieden wird. Danach werden Berufsgruppen beschrieben, die zum einen die Rechtssetzung vornehmen, zum andern unbeteiligt bleiben. Wichtig ist mir der Aufstieg zum *sittlichen* Recht!

Nachdem die Wurzel gesellschaftlicher Übel beschrieben ist, wird die *Leitfigur* für politisches Handeln herausgestellt. Über Wahlsystem und politische Parteien komme ich dann zum Verein/Verband durchsichtige Parteien, zum Träger des politischen Handlungskonzepts: Die Mängel der Gesetzgebung sind die Mängel der politischen Parteien! Übrigens sind die Beschreibungen knapp gehalten - auf das Wesentliche reduziert.

4. Grobstruktur der Gesellschaft

Aus artgleichen Elementen ist die Gesellschaft aufgebaut, wie der biologische Organismus. Mit den artgleichen Elementen sind die Individuen gemeint: die Personen, die sich ihrerseits ebenfalls aus artgleichen Elementen - aus biologischen Zellen - aufbauen (zweites Buch, „biologische Vergleiche/Aspekte“).

Artgleich sind die biologischen Zellen, weil jede die Gesamtinformation zum Aufbau des Individuums trägt (totipotent). An der Vielzahl der verschiedenen Zellen ist erkennbar, dass die Formung der Einzelzelle nur eine von vielen anderen Möglichkeiten ist. Ähnliches gilt auf höherem Niveau, im Bereich der Gesellschaft.

Artgleich sind die Personen, weil jede die Gesamtinformation zum Aufbau der Gesellschaft tragen könnte (von relativ wenigen Personen abgesehen). An der Vielzahl der vergangenen und gegenwärtigen Arbeits- und Kulturformen ist erkennbar, dass das individuelle Bewusstsein *unendlich* formbar ist (totipotent), nur eine von unendlich anderen Möglichkeiten ist - ähnlich der biologischen Zelle.

Jede Person verfügt über *annähernd* gleichstarke Potenzen, könnte jede Position in der Gesellschaft einnehmen - bei entsprechender Umwelt bzw. Erziehung von Anfang an! Oder: Jede Person hätte fast beliebig geprägt werden können. Ein dies belegendes Beispiel ist die Sklaverei und das Sklavenbewusstsein, das ja zweifelsfrei Menschenwerk ist. Jede Beeinflussung von Bewusstsein setzt Verantwortung voraus, die bei bestimmten Medieninhabern und Interessensgruppen nicht vorhanden ist.

4.1. Arbeit und Gesamtarbeiter

Ähnlich der Zelle ist die Person in ihre Gesellschaft eingeflochten. Zelle und Person sind untereinander vergleichbar: Die Person nimmt in der Gesellschaft eine ähnliche Stellung ein wie die Zelle im Körper der Person. Die Arbeit aller Zellen der Person ist die nach innen und außen verrichtete Arbeit der Person; die Arbeit aller Personen der Gesellschaft ist die nach innen und außen verrichtete Arbeit der Gesellschaft.

Sowohl das Können der Person als auch das der Gesellschaft zeigt sich an Theorien, Waren und Dienstleistungen, die durch Arbeit entstehen. Auch entwickeln sich Person und Gesellschaft durch Arbeit weiter. Wer längere

Zeit ohne Arbeit war, weiß den Wert der Arbeit zu schätzen und er weiß auch, was ihm fehlt. Arbeit zum Zwecke materiellen Lebens allein ist unwürdig: der Einzelne wird durch Arbeit zur würdigen Person. Sowohl die Arbeit als auch deren Lohn bestimmen vorrangig das Denken bzw. das produktive(!) Sein der Person.

Jede Gesellschaft ist Produktions- und Dienstleistungsgesellschaft. Mit Arbeit wird sie vorangetrieben. An ihren Produkten (Theorien, Waren usw.) erkennt man die Qualität der Gesellschaft ebenso wie die der Person. Das *gemeinsame* Wesensmerkmal der Person und der Gesellschaft heißt *„Arbeit"!*

Die Arbeit der Gesellschaft könnte ein *Gesamtarbeiter* verrichten: ein kombiniertes, aufeinander abgestimmtes Arbeitspersonal.[35] Die Annahme eines Gesamtarbeiters ist berechtigt, weil jede individuelle Arbeit einen gesellschaftlich-geschichtlichen Charakter hat, also Teil der Arbeit des Gesamtarbeiters ist (zweites Buch, 16.4).

Im Körper des Gesamtarbeiters nimmt die Person eine ähnliche Stellung ein wie die Zelle im Körper der Person. Von der Arbeit des Gesamtarbeiters darf die Arbeit der Person nicht getrennt werden: Die Arbeit der Person ist nur möglich durch die Arbeit des Gesamtarbeiters. Von daher ist auch keine erforderliche und redlich verrichtete Arbeit ethisch höher stehend als die andere. Zwar wird dies hier und dort eingesehen, andererseits jedoch ungern praktiziert.

Die Arbeit des Gesamtarbeiters setzt sich aus vielen Einzelarbeiten und Einzelfunktionen zusammen, die in den Produkten des Gesamtarbeiters (Theorien, Waren usw.) verkörpert sind. So ist die geistige Arbeit der Person nur eine indirekte Tätigkeit: eine Unterfunktion des Gesamtarbeiters. Die verschiedenen Arbeiten der Personen haben ein gemeinsames Wesen: das der Arbeit des Gesamtarbeiters. Person und Gesamtarbeiter sind untereinander vergleichbar - wie Zelle und Person!

Weder nach innen noch nach außen ist der Gesamtarbeiter sittlich gerecht, weder zu eingebundenen Personen noch zu anderen Gesamtarbeitern. Man schaue auf die Vergangenheit ebenso wie auf die Gegenwart, erinnere das Zeitalter des Kolonialismus und Imperialismus, blicke auf kapitalistische und sozialistische Gebilde derzeit.

Der Gesamtarbeiter BRD sollte sittlich gerecht sein, nach innen wie nach außen, also auch gegenüber anderen Gesamtarbeitern (Entwicklungsländern) - gleich der gerechten Person gegenüber anderen Personen. Als nächstes ist zu klären, wie Person und Gesamtarbeiter gelenkt werden.

4.2. Machtgebilde

In der Gesellschaft agieren unterschiedliche Instanzen: die Instanz der Religion, die der Politik, die der Wissenschaft, die der Wirtschaft, die des Militärs usw. Frage: Zu welcher Instanz gehört die oberste Macht? Trotz *spezifischer* Aufgaben kommen untereinander auch Machtkämpfe vor.

Mit Religion wird unterströmig Politik gemacht, in der Wirtschaft wird geforscht, Banken sind sowohl Kreditgeber als auch an Firmen beteiligt. Jede der Instanzen aber hat eine besondere Aufgabe, ist durch Personen und Maschinen besonders spezialisiert.

Erneut: Zu welcher Instanz gehört die oberste Macht? Zur Instanz der Religion, der Politik, der Wissenschaft, der Wirtschaft, des Militärs? In Entwicklungsländern übt oftmals das Militär die oberste Macht aus (Militärdiktatur), in Ländern des Islams die Religion (Gottesstaat). Hierzulande scheinen Wirtschaft und Banken die oberste Macht auszuüben. Doch gesagt ist damit nicht, dass zur Wirtschaft und zu Banken die oberste Macht auch gehört. Eigentlich gehört sie zur Politik (Primat der Politik).

Mit dem Begriff der Politik ist staatliches oder auf den Staat bezogenes Handeln gemeint. Weil Politik fein berechnend, kluge Umwege gehend, schlau und listig ist, hat sich im Volksbewusstsein ein falscher Politikbegriff festgesetzt. Sowohl Politiker als auch ihr Handeln werden gering geschätzt. Das äußert sich etwa in Sprüchen wie folgt: „Politik ist der Versuch der Politiker, mit den Sorgen der Bürger fertig zu werden, die sie ohne Politik nicht hätten." Oder: „Politisches Regieren ist die Kunst, Probleme zu schaffen, um das Volk in Atem zu halten."

Zwar haben solche Sprüche einen tieferen Sinn, jedoch lenken sie breite Gruppen und ihr Verständnis von der politischen Macht eher fehl. Dagegen kommt die Beschreibung „Politik sucht Mehrheiten, damit das Machbare durchgesetzt wird" dem Wesen der obersten Instanz schon näher. Doch verdeckt bleibt weiterhin, warum zur Instanz der Politik die oberste Macht gehört. Erst die Frage nach ihrer *spezifischen* Aufgabe begründet das Vorrecht, das darin besteht, das staatliche Gesetz zu erlassen (Wesenskern der Politik: Gesetzgebung).

Keiner anderen Instanz, nicht der Wirtschaft, der Religion, den Medien usw. fällt die Aufgabe der Gesetzgebung zu. Dennoch erhält die Politik nicht die ihr gebührende Wertschätzung. Man ordnet - in Verkennung der Aufgaben - der Wirtschaft und den Banken die oberste Macht zu. Doch beide haben sich, trotz allem, dem Gesetz des Rechts (staatlichen Gesetz) zu unterwerfen! Der Politik sind sie eindeutig nachgeordnet.

Am Prozess der Gesetzgebung (Rechtssetzung) sind Wirtschaft und Banken zwar beteiligt. Ihre *spezifischen* Aufgaben liegen jedoch anderswo. Wenn Wirtschaft und Banken die oberste Macht ausüben, dann sind ihre Vertreter (Lobbyismus) in den gesetzgebenden Parlamenten überrepräsentiert. Dieser Zustand sollte verändert werden, von außen!

Durch Gesetze und Gesetzeslücken entstehen sowohl Strukturen in der Gesellschaft als auch im Verhältnis der Gesellschaften untereinander. Entweder werden Ausnutzungsmechanismen geduldet und mitgestaltet oder durch Gesetz und staatliche Macht wirkungsvoll bekämpft.

Die Gesetze selbst genügen nicht: Jeder kann Gesetze machen. Sie verlangen ein *weitreichendes* Machtinstrument, das alle anderen übertrifft. Sie verlangen den Staat, der die Gesetze im Nahen und Fernen durchsetzt - auch bei Widerstreben (auf den Staat wird noch eingegangen).

Politik hat neben der Gesetzgebung (Rechtssetzung) noch andere Aufgaben wahrzunehmen. Dazu gehört die Kommunalpolitik, die zwar ebenfalls lenkend wirkt, jedoch im Rahmen staatlicher Gesetze ablaufen muss. Weil Politik als Kampf um Machtanteile, als verschlagen, listig, skrupellos erscheint, hat nur ein geringer Teil der Bevölkerung aktiven Anteil daran. Der „schmutzigen" Seite der Politik sollte man trotzdem entgegentreten: Größe und Charakter zeigen sich in Konflikten. Man sollte das Wichtige vom Unwichtigen trennen, den Wesenskern der Politik erinnern und seine *sittliche Gesinnung* ins politische Geschehen einbringen. Der Wesenskern der Politik, das sei wiederholt, ist Gesetze zu erlassen, was die meisten Parteimitglieder - in kommunalen Kämpfen - wohl vergessen haben.

Politik lässt sich als Medium auffassen, als *weitreichendes* Medium. Die Gesetze wirken in die Ferne, lenken den in der Ferne lebenden Menschen ebenfalls. Politisches Handeln, das nur auf „Nahes" gerichtet ist, genügt der bürgerlichen Pflicht wohl kaum. Gierige Personen könnten aufsteigen, was ungerechte Gesetze hervorbrächte, die gleichsam von oben nun die unteren Einheiten, die Familien, belasten, ja zerstören könnten. Man sollte sich einmal fragen: Kann Sittlichkeit ungeschwächt bestehen, wenn Brutalität (Film, Fernsehen ...) ständig auf sie herabregnet?

Eine nicht geringe Macht geht von den Medien aus, insbesondere von Rundfunk, Fernsehen, Internet. Mit der kombinierten und beschleunigten Übertragung von Bild, Text, Musik haben Manipulationen zugenommen, aber andererseits auch Chancen!

Staatliche Überwachung ist seit jeher betrieben worden, nicht nur in autoritären Gesellschaften. Andererseits ist die Technik so weit fortgeschritten, dass sich Information an jedem Ort über Satellit empfangen lässt. Aufwendige Stationen, die Programme am Boden auffangen und über Kabel zum Empfänger weiterleiten, sind nicht mehr erforderlich. Bisher wirksame Bollwerke sind hinfällig geworden: nationale Landesgrenzen und Rundfunkhoheit.

Medienrecht muss unserem Grundgesetz bzw. vergleichbaren Verfassungen entsprechen. Ohne staatlichen Einfluss würden Kinder, Jugendliche und Erwachsene missbraucht werden. Die Medien, deren Programme dem staatlichen Gesetz verpflichtet sind, spielen zwecks Formung der Gesellschaft eine überragende Rolle.

Im Bild vom Gesamtarbeiter sind die Medien beauftragt, kulturelle und geschichtliche Güter aufzuarbeiten und den eingebundenen Personen chancengleich zuzuleiten. Beim Verrichten dieser Arbeit wird der Gesamtarbeiter insgesamt belebt. Seine Zellen und Organe qualifizieren sich, treiben ihn weiter voran - hin zu höherem Bewusstsein. Dazu gehört, dass jede „Zelle" gleichberechtigt ist, „nach ihrer Eignung, Befähigung und Leistung gleichen Zugang zu jedem öffentlichen Amte" erhält.[36]

4.3. Staatliche Gewalten

Die Gewalt des modernen Verfassungsstaats tritt seit Ende des 18. Jahrhunderts *dreigeteilt* auf: als gesetzgebende Gewalt, vollziehende Gewalt und rechtsprechende Gewalt. Alle drei Gewalten entsprechen der Staatsidee, sind rechtlich verschieden abgesichert.

Zur *vollziehenden* Gewalt (Exekutive) gehört das *Berufsbeamtentum,* das auf Funktionen und Erfordernisse des Verfassungsstaats zugeschnitten ist. Der Beamte steht in einem öffentlich-rechtlichen Dienst- und Treueverhältnis, das auf den Pflichten des Beamten zur Treue und denen des Dienstherrn zur Fürsorge basiert. Ihm nebengeordnet sind die im Öffentlichen Dienst beschäftigten Arbeiter und Angestellten, die zwar in einem privat-rechtlichen Dienstverhältnis stehen, jedoch in Rechten und Pflichten den Beamten angenähert sind. Das Disziplinarrecht für Beamte findet keine Entsprechung bei den Arbeitern und Angestellten. Rechtlich umstritten ist, ob das für Beamte geltende Streikverbot für die Arbeiter und Angestellten ebenfalls gilt. Die herrschende Praxis bejaht ein eingeschränktes Streikrecht, obwohl verfassungsrechtliche Gründe dagegen sprechen. Vom Streikverbot sind die zur vollziehenden Gewalt gehörenden Berufs- und Zeitsoldaten ebenfalls betroffen, deren öffentlich-rechtlicher Status durch die Funktionserfordernisse der Armee bestimmt ist.[37]

Die in der Staatsorganisation auftretende *rechtsprechende* Gewalt (Judikative) ist den *Berufsrichtern* anvertraut, die in einem öffentlich-rechtlichen Dienst- und Treueverhältnis eigener Art stehen. Dies ist durch die Struktur der Gerichtsbarkeit geprägt, vor allem der richterlichen Unabhängigkeit.[38] Folglich ist der Richter von dem in die Weisungshierarchie der Verwaltung eingegliederten Verwaltungsbeamten zu unterscheiden. Der Richter ist kein Beamter, darf aber auf gesetzlicher Grundlage nur entscheiden.[39] Dem Richter steht der Staatsanwalt gegenüber, der von seiner Rechtsstellung her Beamter ist.

Die *gesetzgebende* Gewalt (Legislative) gehört zur *Instanz der Politik,* die die oberste Macht auszuüben hat. Allen anderen Gewalten ist sie übergeordnet; denn die vollziehende Gewalt ist ebenso wie die rechtsprechende Gewalt an die erlassenen Gesetze gebunden. Orte der Gesetzgebung (Rechtssetzung) sind hierzulande die Bundes- und Länderparlamente. Der dort weilende „Abgeordnete ist weder Beamter noch Staatsdiener, sondern Inhaber eines öffentlichen Amtes genuiner Art."[40] Er ist frei, an Weisungen nicht gebunden - nur seinem Gewissen unterworfen (kein Fraktionszwang, Art 38 GG). Für die Regierungsmitglieder, die keinen beamtenrechtlichen Bindungen unterliegen und in einem von den anderen Gewalten verschiedenen öffentlich-rechtlichen Amtsverhältnis stehen, gilt dies ebenfalls.[41] Weil der Minister nicht nur Regierungsmitglied, sondern auch Behördenleiter ist, ist es angemessen, die gesetzgebende Gewalt als dem Staat *nicht zugehörig* zu betrachten! Das heißt, obwohl die Abgeordneten und Regierungsmitglieder den Gesetzen und der die Gesetze anwendenden Gewalt selbst unterworfen sind, stehen sie gleichsam über dem Staat, lenken ihn und gehören zur Führung des Staats. Die gesetzgebenden Parlamente gelten als *Führung des Staats.*

Auf das Verhältnis Regierung und Opposition wird nicht eingegangen. Die Regierung ist nur die Führungsgruppe der parlamentarischen Mehrheit, die Opposition jene Gruppe, die die Mehrheit nicht bilden kann. Bei Wahlen und Abstimmungen entscheidet die Mehrheit, der größere Teil des Parlaments. Durch die *Gesinnung der Mehrheit* also (ohne Fraktionszwang) werden Staat und Gesellschaft am stärksten gelenkt. Oder anders: Zwecks Schaffung öffentlicher Gerechtigkeit ist nicht so sehr die Regierung wichtig, vielmehr die *personelle Zusammensetzung* der gesetzgebenden Parlamente, des Bundestages und der sechszehn Länderparlamente: als *„soziale Anlage"* der Gesellschaft! Später dazu mehr (4.6).

4.3.1. Staatsführung (Legislative)

Man hat die gesetzgebenden Parlamente *als Teil* des Staats beschrieben, infolgedessen ein „Hindernis" besteht, das Begreifen erschwert und Erkenntnis begrenzt: Die gesetzgebenden Parlamente gelten als *Führung des Staats.* Zwischen Staat und Staatsführung muss unterschieden werden, was meistens nicht geschieht.

In der BRD werden Abgeordnete ins Europäische Parlament, den Bundestag, die Länder-, Kreis- und Gemeindeparlamente gewählt, wobei nur der Bundestag, die 16 Länderparlamente und das Europäische Parlament bzw. der Rat und die Kommission Gesetze erlassen können. Unter Gesetzgebung versteht man die Zuständigkeit auf bestimmten Gebieten. Die ausschließliche Gesetzgebung hat im Bereich der BRD der Bund auf „ureigenen" Gebieten.[42] Auf „nicht-ureigenen" Gebieten können Bund und Länder in der Gesetzgebung konkurrieren.[43] Nicht konkurrieren können die Kreis- und Gemeindeparlamente, die sich im Rahmen der bestehenden Gesetze bewegen und *nicht* zur Staatsführung gehören!

Für das *Handlungskonzept* sind nur der Bundestag und die 16 Länderparlamente wichtig, aber auch der bundesrepublikanische Anteil im Europäischen Parlament (dessen personelle Zusammensetzung).

Der Bundesrat, der bei der Gesetzgebung und Verwaltung des Bundes mitwirkt, setzt sich aus Vertretern der *Länderregierungen* zusammen (3 bis 5 Personen), die ihre Stimmen je einheitlich abgeben müssen und an Weisungen der Länderregierungen gebunden sind.[44] Seine *personelle Zusammensetzung* reguliert sich von selbst: über die Länderparlamente. Ähnlich setzen sich die Ausschüsse und anderen Gremien auf Bundes- und Länderebene zusammen.

4.3.2. Staat (Exekutive und Judikative)

Wodurch könnte öffentliche Gerechtigkeit am ehesten und nachhaltigsten entstehen? Sicherlich nicht durch Appelle: Davon gibt es genug! Man braucht dafür ein Machtinstrument, das alle anderen übertrifft. Man braucht dafür den Staat, der bis in die kleinsten Einheiten - die Familien - sittlich wirkt (Schule, Fernsehen ...).

Nicht Gerechtigkeit ohne Staat, sondern Gerechtigkeit mit Staat wird gefordert. Nicht der Staat jedoch, sondern die Staatsführung ist das entscheidende Organ. Der mächtige Staat, der die Gesellschaft vollständig durchsetzt, wird durch die Staatsführung letztlich geformt und gelenkt.

Die Staatsführung erlässt Gesetze, die der Staat vermitteln bzw. durchsetzen muss. Ohne Durchsetzungsmacht würden die Gesetze nicht befolgt werden, wären mit Sicherheit wirkungslos.

Zwischen Staat und *Staatsführung* muss unterschieden werden. Wie sonst lässt sich begreifen, dass die Staatsführung den Staat nicht nur lenkt, sondern auch noch formt? Auf den „Hitler-Staat“ sei hier gewiesen oder den der ehemaligen DDR. Deutliche Merkmale des Staats und der staatlichen Macht zeigen sich im Krieg und in Zeiten der Not

Geformt wird der Staat von der Staatsführung. Der Staat führt nur aus, was die Staatsführung von ihm verlangt. Ist die Staatsführung gerecht bzw. ungerecht, ist der Staat ebenfalls gerecht bzw. ungerecht. Bei Weigerung oder Versagen werden Staatspersonen ausgetauscht.

Hinsichtlich der Bedürfnisse, die der *Sittlichkeit* entsprechen, ist der Staat eine Notwendigkeit. Die freiwillig aufgebauten Gruppen sind zwar erwünscht, reichen aber nicht aus, weil sie zu schwach sind oder wegen Freiwilligkeit nicht jedem zugute kommen. Damit ist der Staat als stärkste, mit Zwangsmitteln ausgestattete Institution gerechtfertigt, zwecks Förderung sittlicher Kräfte als auch der Abwehr feindlicher Personen, Gruppen, Staaten.

Auf die Frage nach dem Staat kommen zu oft *falsche* Antworten: „Der Staat sind wir alle, wir alle, die in diesem Land leben.“ Oder: „Der Staat ist die Summe derer, die zusammen die Gesellschaft bilden.“ Solche Antworten - durch Worte wie Staatsgebiet, Staatsbürger, Staatszugehörigkeit gefördert - sollten zurückgewiesen werden: Der Staat ist nicht die

Gesellschaft, sondern Denk- und Handlungsverstärker der Staatsführung bzw. stärkstes institutionalisiertes *Teilsystem* der Gesellschaft - sowohl nach innen als auch nach außen. Doch nicht vom Staat aus wird die Gesellschaft gelenkt, geschützt, gefördert, sondern von der Staatsführung - keinesfalls von privat-rechtlichen Organisationen.

Ein falscher Staatsbegriff kommt „gewissen" Politikern entgegen. Wird zwischen Staat und Staatsführung nicht unterschieden, so bleibt unverstanden, dass die Staatsführung sich ihr Machtmittel so formt, wie sie es will, dass die Staatsführung die Gesellschaft vorrangig lenkt, dass die Instanz der Politik die oberste Macht ausübt - nicht die Instanz der Wirtschaft, der Banken, der Medien usw.

Internationale Politik formt sich ihr Machtmittel ebenfalls: Staaten schließen sich zusammen, bilden Staatenverbände mit supranationalen Institutionen, wobei die mit Parlament, Rat, Kommission ausgestattete Europäische Union hier wichtig ist.

Der Einzelstaat ist territorial begrenzt. Er unterscheidet sich von anderen Organisationen, die nicht territorial begrenzt sind (Kirchen, Wirtschaftsverbänden, Gewerkschaften). Staatlichkeit setzt also Volk, Gebiet und Gebietshoheit voraus - mit umfassender Interessenswahrnehmung (jedoch nicht zum Schaden anderer Gesellschaften bzw. Staaten)

Räumlich ist der Staat in der BRD wie folgt gegliedert: Bund, Länder, Bezirke, Kreise, Gemeinden und Gemeindeverbände sowie die von den staatlichen Gebietskörperschaften abgeleiteten und abhängigen Organisationen des öffentlichen und privaten Rechts. Eine andere Gliederung geht von der Amtshierarchie aus, die nach Tätigkeitsmerkmalen[45] geordnet ist. Später dazu mehr (6).

Der Staat tritt als Öffentlicher Dienst auf, zu dem solche Berufe zählen, die der öffentlichen Sicherheit, Verwaltung, Rechtsprechung gewidmet und in die Staatsorganisation eingegliedert sind (einschließlich Gebäuden, Maschinen, Waffen usw.).[46] Hinzu kommen Berufsarbeiten außerhalb des Öffentlichen Dienstes: die der Ehrenbeamten, ehrenamtlichen Richter und Wehrpflichtigen. Auch sind Berufsarbeiten der „beliehenen" Privaten zu nennen: die der Notare und Überwachungsvereine. Zusammen ergibt sich ein die Gesellschaft durchsetzendes *Teilsystem,* das den Gesetzen verpflichtet ist, die die Staatsführung erlassen hat.

4.3.3. Bürokratie (Exekutive)

Mit dem Begriff der Bürokratie ist hauptsächlich die exekutive Struktur des Staats gemeint, d.h. Aufbau und Funktion der Ministerien und öffentlichen Organe. Von umgangssprachlicher Schmähung abgesehen enthält der Begriff der Bürokratie zwei Kernelemente: das der formellen Regelung (Normierung) und das der vertikalen Weisungshierarchie.

Mit beiden Kernelementen kann der Begriff der Bürokratie mit dem der Büroherrschaft gleichgesetzt werden.[47] Wenn Herrschaft vom Büro her ausgeübt wird, dann im Wesentlichen über unpersönliche Normen, wobei Abläufe von oben nach unten geregelt und gewährleistet sind - im Staat durch die verschiedenen Ebenen der Ministerien bis zu den untersten Behörden als Organe bzw. Zellen des Staats. Vertikale Kommunikationslinien (Dienstwege) und das System von Regeln, Richtlinien und Verfahrensweisen binden die Bürokratie an die Staatsführung.

Die Beziehung zwischen der Staatsführung, der Bürokratie und den privatrechtlichen Organisationen (Gesellschaft) ist durch Gesetz geregelt, wobei die Bürokratie keinerlei eigene Zwecke verfolgen soll. Tatsächlich aber ist die Bürokratie - insbesondere die Ministerialbürokratie - nur selten oder noch nie neutrales Werkzeug der Staatsführung gewesen. Auch ist die Fachkenntnis der Bürokratie größer als die des Ministers, sodass der beamtete Staatssekretär den politischen Minister lenken kann. Diese Tendenz lässt sich durch Fachwissen des Ministers zurückdrängen. Denn es ist der Minister, der die Verantwortung im Ministerium trägt.[48] „Das Feld des Beamten ist nicht die politische Führung, sondern die unpolitische, fachliche Ausführung der Gesetze; nicht Gesetzgebung und Regierung, sondern Verwaltung.“[49]

Ein nicht zu unterschätzendes Mittel zentraler Steuerung ist die Personalpolitik, also das Recht der politischen Instanz, über die Besetzung administrativer Spitzenämter zu entscheiden. Kontrollen gehen auch von den Rechnungshöfen, Verwaltungsgerichten und den Stellen der verwaltungsinternen Rechts- und Fachaufsichten aus.

Personen, die das strenge Regelwerk des Staats aufweichen wollen, sind sich der Folgen nicht immer bewusst. Um Kriminelle effektiv bekämpfen zu können, will die Mehrheit den starken Staat. Dem Großkapital sind viele Staaten schon unterlegen! Wie groß darf Privatkapital also sein??

4.4. Vermischung der Gewalten

Hierzulande ist der Bundestag oberster Gesetzgeber. Er wählt den Bundeskanzler, kontrolliert die Regierung und Ministerialbürokratie. Als Behörde steht dem Bundeskanzler das Bundeskanzleramt zur Verfügung, das zur Bürokratie gehört. Auf Auswahl, Beförderung und Versetzung der Spitzenbeamten übt es maßgeblichen Einfluss aus. Auch wacht es darüber, ob die Beschlüsse des Kanzlers in den Ministerien ausgeführt werden. Andererseits werden der Kanzler und die Minister (Regierung) vom Parlament kontrolliert, sodass letztlich das Sozialprofil der Ministerialbürokratie an den Willen des Parlaments gebunden ist (ohne Fraktionszwang, Art. 38 GG). Die Staatsführung formt sich ihren Machtapparat: den in alle Bereiche der Gesellschaft eindringenden Staat.

Staatsführung und Ministerialbürokratie sind zusammengewachsen, wohl wegen des Verhältniswahlsystems (9). Nicht wenige Beamte bzw. Ministerialbeamte wechseln in die Legislative. Die Beamten bilden in den Parlamenten die stärkste Gruppe.

Weit mehr als die Hälfte der Ministerialbeamten hat Jura studiert. Ihr Einfluss reicht in die Judikative, auch deswegen, weil Bundesrichter und Senatspräsidenten der obersten Bundesgerichte früher Ministerialbeamte waren.[50] Die klassische Trennung der Gewalten in Legislative, Exekutive, Judikative ist in der BRD mangelhaft vollzogen.

Frühere Ministerialbeamte arbeiten in Banken und Großunternehmen, die über Verbände den politischen Machtkern ansteuern (Lobbyismus). Also geht der politische Wille weniger von Personen als von Institutionen bzw. Verbänden aus. Die Mitgliedschaft zur obersten Schicht wird nicht so sehr durch Können und Leistung bestimmt, vielmehr durch Eltern und Interessenszugehörigkeit.

4.5. Verbände

Verbände bilden sich aus freien Initiativen. Ihre Interessen sind von sozialer, kultureller, wirtschaftlicher Art. Über den Weg der Gesetzgebung versucht man, Legalität zu erzielen. Einflüsse reichen von Parteispenden über kostenlose Ausleihe von Arbeitskraft bis zur Unterstützung durch Wort und Schrift. Als Gegenleistung werden - unter Ausnutzung des Verhältniswahlsystems - eigene Kandidaten in die Parlamente geschleust. Auf der anderen Seite werden sicherlich - verbunden mit ähnlichen Ge-

genleistungen - auch die Gewerkschaften ihre Kandidaten einschleusen.

Im Finanz- und Wirtschaftsbereich existieren Verbände mit hochgradiger Bürokratie. „Zur Erledigung bestimmter Aufgaben, insbesondere im Hinblick auf bestimmte Gesetzgebungsprojekte, bilden sich vorübergehende Interessensgruppen und Arbeitsgemeinschaften interessierter Verbände (bis zur Zweckerreichung oder Interessensveränderung) ..., um durch Aktionsgemeinschaft staats- und öffentlichkeitsgerichtete Aktionen zu verstärken.“[51]

Das Vorgehen der Verbände stärkt herrschende Ideologien. Es setzt bei der öffentlichen Meinung an, mobilisiert sie. Partei und Regierungsapparat sollen hinsichtlich kommender Wahlen Verbandsinteressen als Allgemeininteressen anerkennen. Die Strategie ist langfristig. Es werden durch Werbung und Öffentlichkeitsarbeit ganze Stimmpakete geschaffen und Parteien angeboten - als Druckmittel für „eigene“ Gesetzesvorlagen oder „eigene“ Leute hinsichtlich wichtiger Positionen. Wegen vorbereitender Gesetzgebungsarbeit sind den Verbänden der parlamentarische Fachausschuss und die entsprechenden Bereiche der Exekutive wichtig. Man ist versucht, sich Gehör durch Spitzenbeamte zu sichern, die dem Verband nahestehen.[52] Daneben ist den Verbänden der direkte Kontakt zum Regierungschef, den Ministern und Ministerialreferenten wichtig. Doch die oberste Zuständigkeit liegt eindeutig beim Parlament (Primat der Politik).

Man gewährt Verbänden eine Mitwirkung beim Zustandekommen von Gesetzen (förmliche Konsultativverfahren, Einrichtung von Wirtschafts- und Sozialräten). Stärksten Einfluss üben Verbände aus, wenn ihnen der Rechtsstatus des „beliehenen Verbands“ zuerkannt wurde. Diesbezüglich sind insbesondere die mit Tarifmacht ausgestatteten Berufsverbände zu nennen (Gewerkschaften, Arbeitgebervertretungen), denen Befugnis verliehen wurde, für die Beteiligten verbindliches Recht zu schaffen (was die Parlamente rückgängig machen könnten). Durch gesetzliche Vorschlags- und Ernennungsrechte wirken solche Verbände auch bei der Bildung staatlicher oder sonstiger Organe mit, so bei Versicherungen, Arbeitsämtern, Arbeitsgerichten, Schlichtungsausschüssen.[53] Im Betriebsverfassungsgesetz kommen Einflüsse am stärksten zum Ausdruck.

Die aus Wahlen hervorgegangenen Parlamente besitzen das Rechtsetzungsmonopol. Ein oligarchischer Aufbau der Verbände widerspricht demokratischen Ansprüchen. Die Praxis zeigt, dass sich Verbände bei der Einwirkung auf Partei, Regierung bzw. Exekutive der Öffentlichkeit auch entziehen. [54] Für die Gesetzgebung verrichten sie zwar wichtige Vorarbeiten, sollten den Willen ihrer Mitglieder jedoch repräsentieren.

4.6. Biologischer Vergleich

Staat und Staatsführung lassen sich am Bild des Gesamtarbeiters gut verdeutlichen. Der Gesamtarbeiter, der sich aus Personen aufbaut und die Gesellschaft verkörpert, handelt nach *Gesetzen,* wie dies Gerechtigkeit gebietet. Die Person, die sich aus Zellen aufbaut, handelt nach *Gedanken,* wie dies Gerechtigkeit ebenfalls gebietet. Gesetze zum einen, Gedanken zum andern sind untereinander vergleichbar. Womit werden Gedanken und Gesetze aber in Handlung gebracht?

Zellen und Organe der Person folgen Gedanken, die mit Hilfe des *Nervensystems* durchgesetzt werden. Personen und Organe des Gesamtarbeiters folgen Gesetzen, die mit Hilfe des *Staats* durchgesetzt werden. Nervensystem zum einen, Staat zum andern sind untereinander vergleichbar. Wie kann die Staatsführung in dieses Bild eingeordnet werden?

Das *Gehirn* bildet Gedanken, die über das Nervensystem die Person lenken. Die *Staatsführung* bildet Gesetze, die über den Staat den Gesamtarbeiter lenken. Gehirn zum einen, Staatsführung zum andern sind untereinander vergleichbar.

Unter biologischem Aspekt soll das Verhältnis Staat und Staatsführung etwas ausführlicher behandelt werden.

Zur Person gehört das Nervensystem, zum Gesamtarbeiter der Staat (Teilsystem des Gesamtarbeiters). Die Person erfährt vom Nervensystem lebensbestimmende Impulse, der Gesamtarbeiter vom Staat, wobei Organe verschiedene Mittlerfunktionen übernehmen. Da zwischen Staat und Staatsführung zu unterscheiden ist, ist es sinnvoll, eine solche Unterscheidung hinsichtlich der Person ebenfalls vorzunehmen.

Die Gesetze verhalten sich zur Staatsführung wie die Gedanken zum Gehirn. Oder anders: Quelle der Gesetze ist die Staatsführung, Quelle der Gedanken ist das Gehirn. Weil nicht das Nervensystem, sondern das Gehirn die Quelle der Gedanken ist, ist zwischen Nervensystem und Gehirn zu unterscheiden, also zwischen Staat und Staatsführung ebenfalls, obwohl der Sachverhalt mit dem Begriff „Staatsführung“ ungenau wiedergegeben wird. Dazu eine Nebenerklärung.

Die Person folgt weder dem Gehirn noch dem Nervensystem, sondern dem Arbeitsprodukt des Gehirns: den Gedanken. Der Gesamtarbeiter folgt weder dem Parlament (Staatsführung) noch dem Staat, sondern dem Arbeitsprodukt des Parlaments: den Gesetzen. Das Parlament also ist nicht so sehr „Staatsführung“, vielmehr Führungsorgan des Gesamtarbeiters, der zur Durchsetzung seiner Beschlüsse (Gesetze) ein Machtmittel braucht, den weitreichenden *Staat,* der als *Denk- und Handlungsverstärker* des Parlaments auftritt. Der Begriff der Staatsführung, der das Parlament meint, gibt den Sachverhalt unscharf wieder. Im beschriebenen Sinn aber soll er benutzt werden.

Die Person baut sich aus totipotenten Zellen auf, der Gesamtarbeiter aus totipotenten Personen (zweites Buch). Zellen und Person als ein Bereich, Personen und Gesamtarbeiter als ein anderer Bereich gehören je zusammen, insbesondere unter dem Aspekt der Arbeit.

Wenn die Person ausgewogen arbeitet, dann sind alle Zellen beteiligt - ähnlich beim Gesamtarbeiter, nur auf höherem, auf sittlichem Niveau. Sind die Parlamente aber einseitig aufgebaut, dann entstehen Gesetze, die den Gesamtarbeiter mangelhaft repräsentieren.

Das Bewusstsein ist nicht nur von der Anlage, sondern auch von der Umwelt abhängig. Zur Umwelt gehören die frühere Erwerbsarbeit und die soziale Zugehörigkeit. Primär die Erwerbsarbeit und der gewährte Lohn bestimmen die soziale Zugehörigkeit bzw. das produktiv Sein der Person.

Ein Gesamtarbeiter, der jeder eingebundenen Person gleiche Entwicklungschancen verspricht, dies hingegen nicht einlöst, folgt ungerechten Gesetzen, die aus Gedanken Einzelner resultieren. Gedanken gehören zum Bewusstsein, zur *Gesinnung* des einzelnen Abgeordneten (4.3).

Anlage und Umwelt bestimmen sowohl die Gedanken als auch die körperliche Ausgestaltung der Person. Ähnlich liegen die Verhältnisse beim Gesamtarbeiter, der ebenfalls Anlage und Umwelt hat. Wenn die Person/der Gesamtarbeiter zum einen sich selbst, zum andern ihre Mitpersonen/seine Mitgesamtarbeiter ungerecht behandelt, dann sind Gedanken/Gesetze daran beteiligt. Bezüglich der Person werden als Gegenmaßnahme Teile ihrer Umwelt manipuliert: Es werden über Gespräch, Belohnung, Strafe bei ihr Bewusstseinsänderungen angestrebt. Überträgt man dies auf den Gesamtarbeiter, dann sind Teile seiner Umwelt ebenfalls zu manipulieren: Es werden über Diplomatie, Boykott, Krieg bei ihm Gesetzesänderungen angestrebt. Beide Bemühungen, die bezüglich der Person und die bezüglich des Gesamtarbeiters, sind an *ethischen* Zielen orientiert. Bei Misserfolg wird bezüglich der Person nicht mehr ihre Umwelt, sondern ihre Anlage diskutiert. Was entspricht der *genetischen Anlage* bezüglich des Gesamtarbeiters?

Man verdeutliche sich: Eine Bewusstseinsänderung an der Person, hin zu ethischen Merkmalen, ist durch Umwelt- und Erziehungsmaßnahmen oft nicht möglich. Die Qualität des Bewusstseins (der Gedanken) ist sowohl von der Umwelt als auch der genetischen Anlage abhängig. An der Person darf die genetische Anlage nicht verändert werden. Anders am Gesamtarbeiter: Die „soziale Anlage“ des Gesamtarbeiters (die der genetischen Anlage der Person entspricht) darf verändert werden!

Kleine Eingriffe an der genetischen Anlage würden entsprechende Merkmale an der Person hervorbringen, würden das Wesen der Person nachhaltig verändern. Ähnlich am Gesamtarbeiter: Kleine Eingriffe an der sozialen Anlage würden entsprechende Merkmale am Gesamtarbeiter hervorbringen, würden das Wesen des Gesamtarbeiters nachhaltig verändern! Was bezweckt der Vergleich?

Reformkräfte sollten nicht vergeudet, nicht an Unwichtigem erschöpft werden: *Sittliche* Strukturen wachsen vorrangig der Anlage gemäß. Die Anlage des Gesamtarbeiters sollte verändert werden: die *personelle Zusammensetzung der gesetzgebenden Parlamente.* Das Prinzip des kleinsten Aufwands wäre so befolgt.

Das Prinzip des kleinsten Aufwands bzw. der kleinsten Wirkung ist von natürlicher und universeller Art. Es betrifft sowohl die Strategie als auch das Ziel des Handelns (Komplementarität). Von der Strategie her (Hauptanliegen des Buches) heißt es *Prinzip des kleinsten Aufwands,* vom Ziel her heißt es *Prinzip des kleinsten Zwangs bzw. Widerstands.* Zum neuen Paradigma ist es erhoben worden - auch für Ethik, Politik bzw. Parteiarbeit - wegen seines natürlichen und universellen Charakters. Auf das achte Buch sei diesbezüglich gewiesen (Kapitel 9.4.2/10).

Veränderungen am Gesamtarbeiter sind dem Grundgesetz, dessen Ethik verpflichtet! Über Recht und Gesetz ist deshalb zu sprechen, danach über Berufsgruppen, die Recht und Gesetz erlassen haben. Das Bild vom Gesamtarbeiter taucht erneut dann auf, diesmal als Leitfigur hinsichtlich des Handlungskonzepts, das im Anschluss vorgestellt wird.

5. Recht und Gesetz

Personen handeln gerecht bzw. ungerecht infolge entsprechender Gedanken. Gesamtarbeiter handeln gerecht bzw. ungerecht infolge entsprechender Gesetze. Person und Gedanken zum einen, Gesamtarbeiter und Gesetze zum anderen sind untereinander vergleichbar.

Person und Gesamtarbeiter sind der Gerechtigkeitsidee verpflichtet, die vor allem Gleichheit vor dem Gesetz, Grundgesetz oder vergleichbaren Verfassungen meint. Abweichungen davon - selbst mit bester Absicht - schmälern die Freiheit, bringen im Verhältnis der Personen bzw. Gesamtarbeiter struktuelle Ungerechtigkeit hervor. Doch nicht so sehr Gerechtigkeit ist zu schaffen, vielmehr die *Bedingung,* unter der sie wachsen kann!

Die Idee der Gerechtigkeit muss der Natur des Menschen angepasst werden. Der eine möchte weniger arbeiten, wünscht sich mehr Freizeit, der andere möchte mehr arbeiten, braucht zur Befriedigung seiner Bedürfnisse mehr Konsum.

Sind Personen verschieden, sind Gesamtarbeiter es ebenfalls. Klima, Religion und Ideologie tragen das ihre dazu bei. So herrscht z.B. in Nord- und Südregionen der Erde ein anderes Klima als in Ländern am Äquator. Den verschiedenen Bedürfnissen und Neigungen - sowohl der Personen als auch der Gesamtarbeiter - muss die Idee der Gerechtigkeit standhalten. Gerechtigkeit, wie sie im Grundgesetz und anderen Verfassungen festgeschrieben ist, meint keine Betrags-Gleichheit von Gütern und Lasten, Rechten und Pflichten, sondern Rechtsgleichheit.

5.1. Gleichheit

An welchem „Maßstab“ soll sich Rechtsgleichheit einstellen? Soll es mehr als einen Maßstab dafür geben? In modernen Gesellschaften bezieht sich Rechtsgleichheit auf zwei verschiedene Rechtsebenen: zum einen auf unser Grundgesetz bzw. vergleichbare Verfassungen, zum andern auf die erlassenen Gesetze. Bezüglich der ersten Rechtsebene spricht man von *Gleichheit der Rechtssetzung (Gesetzgebung),* bezüglich der zweiten von *Gleichheit der Rechtsanwendung.* Was ist damit gemeint?

Für die *Rechtssetzung (Gesetzgebung)* brauchen die Parlamente einen Maßstab: das Grundgesetz, wo das Gleichheitsprinzip[55] festgeschrieben ist. Mit Hilfe des Grundgesetzes werden nicht nur neue Gesetze erlassen, sondern auch bestehende auf Gültigkeit hin überprüft. Sowohl die bestehenden als auch die neuen Gesetze sind dem Grundgesetz nachgeordnet. Man kann folglich jene Gesetze, die das Grundgesetz und das dort verankerte *Gleichheitsprinzip* verletzen, als verfassungswidrig auffassen. Auch sind im Grundgesetz die Menschenrechte berücksichtigt, die genauso jedem das Gleiche zuerkennen.

Die Gerechtigkeit fordert eine Gleichheit, die auf der *zweiten,* der nachgeordneten Ebene ebenfalls gilt. Auf der ersten Ebene sollten - wie erwähnt - Recht und Gesetz am Maßstab des Grundgesetzes bzw. vergleichbarer Verfassungen formuliert werden (Gleichheit der Rechtssetzung). Auf der zweiten Ebene, im Bereich der Verwaltung und Rechtsprechung, findet gegenüber Personen und Gruppen die gesetzmäßige Anwendung statt (Gleichheit der Rechtsanwendung). Jeder Person/Gruppe werden nach Fähigkeit und Leistung, Bedürfnis und Delikt bestimmte Rechte und Pflichten, Güter und Lasten zuerkannt (Steuern, Sozialhilfe, Besoldungsordnung, Gebührenordnung usw.). Die einzelnen Ausmaße bzw. Beträge sind jedoch ungleich. Gleich und einheitlich ist nur der Rechtsmaßstab. Entsprechend meint Gleichheit der Rechtsanwendung nicht Verteilung der Güter und Lasten, Rechte und Pflichten in gleichen Beträgen, sondern Verteilung nach Recht und Gesetz - mit gleichem Maßstab (ein Gesetz für Arm und Reich).

5.2. Gerechtigkeit

Gleichheit, Freiheit, Solidarität sind dem Gemeinwesen zukommende Grundwerte (zweites Buch, erster Beitrag). Sie erfordern und begrenzen sich gegenseitig: Kein Grundwert erfüllt ohne die anderen seinen Sinn. Sie liegen auf derselben Ranghöhe und bilden zusammen das Wertemuster der Gerechtigkeit, das der politischen Arbeit die Orientierung geben soll. Mit dem Wertemuster lassen sich drei allgemein anerkannte Grundverhältnisse[56] beschreiben - das Verhältnis der Einzelnen untereinander: die *ausgleichende Gerechtigkeit,* das Verhältnis des Einzelnen zur Gemeinschaft: die *gesetzliche Gerechtigkeit* und das Verhältnis der Gemeinschaft zum Einzelnen: die *austeilende Gerechtigkeit.* Alle drei Grundverhältnisse gelten für Gesamtarbeiter ebenfalls.

Man bezieht die ausgleichende Gerechtigkeit[57] auf zu erbringende Gegenwerte, die Rechte und Pflichten von Einzelnen ausgleichen. Sie regelt, im Sinne zahlenmäßiger Gleichheit, den rechtsgeschäftlichen Austauschverkehr. Arbeit und Arbeitsprodukte, die einer dem anderen vertraglich oder im Interesse und zum Vorteil des anderen erbringt, sind durch Gegenwert voll auszugleichen. Werte, die dem anderen zukommen, sind zu respektieren und unangetastet zu lassen. Zugefügter Schaden ist durch Gegenwert gut zu machen. Die ausgleichende Gerechtigkeit verpflichtet strikt, lässt keine Relativierung zu.

Die gesetzliche Gerechtigkeit[58] verpflichtet den Einzelnen gegenüber der Gemeinschaft. Sie wirkt auf Befolgung der Gesetze hin, aber nicht, weil die Gesetze „gesetzt" und vorhanden wären, sondern deshalb, weil nur auf gesetzlicher Grundlage Friede und gutes Leben möglich sind. Die gesetzliche Gerechtigkeit verpflichtet bzw. berechtigt daher nicht nur Personen. Sie gilt für Gruppen, Verbände, Parteien, Völker bzw. Gesamtarbeiter ebenfalls und sollte am Gemeinwohl orientiert sein. Allein dies ist Bestimmungsgrund dafür, dass kraft gesetzlicher Gerechtigkeit gefordert wird, was der Einzelne der Gesamtheit schuldet, damit diese gedeihen kann: Rechtsbefolgung, Friedenswahrung, Übernahme von Ämtern, Leistung von Abgaben und Diensten, Erfüllung sonstiger Pflichten.

Umgekehrt beantwortet die austeilende Gerechtigkeit[59] die Frage, was die Gesamtheit dem Einzelnen oder der Gruppe schuldet. Dabei spielt eine besondere Rolle das Gleichheitsprinzip, das ja als *Gleichheit der Rechtsanwendung* und als *Gleichheit der Rechtssetzung (Gesetzgebung)* auftritt. Man legt die austeilende Gerechtigkeit - mit Blick auf die Gleichheit der Rechtsanwendung - in zwei verschiedenen Richtungen aus.

Hinsichtlich der *ersten* Auslegungsrichtung zielt die austeilende Gerechtigkeit darauf, dass die Gesamtheit (Staatsführung, Staat, Gesellschaft) für den Einzelnen oder die Gruppe etwas nach dem Maß einer Sache festlegt. Das heißt, wenn die Staatsführung z.B. Hilfe gewährt (Sozialhilfe usw.) oder Lasten auferlegt (Steuern usw.) oder Strafen verhängt, so gebietet die austeilende Gerechtigkeit eine Hilfe nach dem Maß der Bedürftigkeit oder eine Belastung nach der Leistungsfähigkeit oder eine Bestrafung nach der Schwere des Delikts. Hier fordert die austeilende Gerechtigkeit Güter und Lasten nach Maßgabe festzulegender Kriterien (Bedürftigkeit, Leistungsfähigkeit, Schuld). Nur diesbezüglich folgt sie dem Gleichheitsprinzip.[60] Die leitenden Kriterien bleiben allerdings das Problem, das nur im politischen Prozess durch die geforderte *Gleichheit der Rechtssetzung (Gesetzgebung)* lösbar ist. Später dazu mehr (Handlungskonzept).

In der *zweiten* Auslegungsrichtung der austeilenden Gerechtigkeit gilt das Gleichheitsprinzip absolut! Hier bezieht es sich nicht mehr auf leitende

Kriterien, sondern direkt und ohne Unterschied auf die Person/den Gesamtarbeiter, auf ihre/seine Würde, wie sie im Grundgesetz festgeschrieben ist.[61] Soweit die Gemeinschaft dem Einzelnen etwas schuldet, ist es jedem in gleicher Weise geschuldet. Eine Abstufung ist ausgeschlossen, denn die Gleichheit gilt absolut: Achtung vor der Würde der Person/des Gesamtarbeiters, Garantie der Grundrechte: gleicher Zugang zu den Ämtern, gleiche Beteiligung an der Willensbildung, gleicher Rechts- und Gerichtsschutz.[62]

Man erfasst mit der ausgleichenden, gesetzlichen und austeilenden Gerechtigkeit alle zwischenmenschlichen Beziehungen im oben beschriebenen Sinn. Dennoch hat sich der Begriff der *sozialen Gerechtigkeit* durchgesetzt. Man weist im Namen der Menschenrechte darauf hin, dass ein gleicher Anspruch aller auf Grundausstattung mit materiellen und immateriellen Gütern besteht. Zudem „fordert die soziale Gerechtigkeit eine gewisse Gleichheit nicht nur bezüglich der abstrakten Regeln und Normen, sondern auch der konkreten Lebensbedingungen."[63]

In allen Grundverhältnissen, insbesondere bei der ausgleichenden und der austeilenden Gerechtigkeit, ist Gerechtigkeit mit *Gleichheit der Gesetzgebung* verknüpft.[64] Weil die gesetzgebenden Parlamente (soziale Anlage des Gesamtarbeiters) jedoch einseitig zusammengesetzt sind, werden die Grundrechte ungleich behandelt! Nicht nur die austeilende, auch die ausgleichende und gesetzliche Gerechtigkeit ähneln Worthülsen, haben wenig Gestaltungskraft. Was nützt die Gleichheit der Rechtsanwendung (ein Gesetz für Reich und Arm), wenn die Gesetz selbst ungerecht sind?

Als Gesamtarbeiter ist die Gesellschaft dargestellt worden, um das *Prinzip der kleinsten Wirkung* verdeutlichen zu können. Sowohl auf das Ziel als auch die Strategie erstreckt sich das Prinzip der kleinsten Wirkung (Komplementarität). Als Ziel gilt der gerechte Gesamtarbeiter bzw. die Gleichheit der Gesetzgebung (Art. 1(3); 3 GG), als Strategie gilt der Eingriff an der „sozialen Anlage" (4.6). Die personelle Zusammensetzung der gesetzgebenden Parlamente ist als „soziale Anlage" bezeichnet worden, die sich verändern lässt. Diesbezüglich ein mythisches Bild.

5.3. Göttin Justitia

Vorweg ein Satz zur Charakterisierung des Idealzustands: Gerechtigkeit ist dort, wo man trotz größerer Macht und Intelligenz andere nicht zu übervorteilen sucht oder wo man auch dann sein Tun und Lassen an der

Gerechtigkeitsidee ausrichtet, wenn das staatliche Gesetz hinter ihren Anforderungen zurückbleibt oder nicht vorhanden ist (Vorwort 2012).

Trieb und Streben treten in der griechischen Mythologie verkörpert und als Götter auf. Triebhaftes ist körperlich, Ewiges ist göttlich geworden. In mythischen Bildern tritt die Götterfamilie auf, die sowohl Gutes als auch Böses zeigt - mit dem Oberhaupt Zeus.

Mythische Götter sind *Urbilder* zeitlosen Seins. Gut und böse existieren nebeneinander - durch alle Zeiten hindurch! Zu Personen und Götter sind sie geworden[65], auch die Idee der Rechtsordnung und der Wille zur gerechten Ordnung allgemein.

Justitia verkörpert die Idee der Gerechtigkeit. Mit Schwert und Pendelwaage will sie nicht so sehr Gerechtigkeit schaffen, vielmehr jene *Bedingung,* an der Gerechtigkeit wachsen kann (personelle Zusammensetzung der gesetzgebenden Parlamente). Ist die Bedingung nicht erfüllt, steht die Pendelwaage schräg: Die Gleichheit der Rechtssetzung (Gesetzgebung) ist nicht eingelöst, was die Gleichheit der Rechtsanwendung unterläuft, zur leeren Worthülse macht. Erneut: Was nützt die Gleichheit der Rechtsanwendung, wenn die Gesetze selbst ungerecht sind?!

Was nicht selbst erlebt wurde, kann kaum ermessen werden! Erlebnisse und Erfahrungen stammen überwiegend aus der Erwerbsarbeit (Lohn). Jede Erwerbsarbeit, die redlich und sittlich ist, sollte bei der Gesetzgebung berücksichtigt werden. Wie ist das gemeint?

Das gesetzgebende Parlament sollte alle Erfahrungen der Gesellschaft repräsentieren. Auf der Pendelwaage lägen dann - bildlich gesprochen - auf der einen Seite die Erfahrungen des Parlaments, auf der anderen Seite die Erfahrungen der Gesellschaft (unabhängig von der Personenzahl, da sich Erfahrungen wiederholen). Im Gleichgewicht der Waage wäre jene *Bedingung* erfüllt, an der Gerechtigkeit wachsen könnte.

Mit der Forderung „Gleichheit der Rechtssetzung (Gesetzgebung)" ist die Frage, ob der Mensch zum Guten oder Bösen neigt, nicht angesprochen. Doch selbst wenn der Mensch dem anderen Wolf wäre, bei Erfüllung der Forderung wäre das menschliche Zusammenleben auch gerecht.

6. Berufsgruppen

Wiederholt sei: Unsere Gesellschaft ist Produktions- und Dienstleistungsgesellschaft. Mit Arbeit wird sie vorangetrieben. In ihren Produkten zeigt sich sowohl die Person als auch die Qualität der Gesellschaft. Das *gemeinsame* Wesensmerkmal der Person und Gesellschaft heißt „Arbeit“ (4.1). Beim Besetzen der Parlamente sollte das beachtet werden, sollte *Gleichheit der Rechtssetzung (Gesetzgebung)* angestrebt werden!

Unsere Gesellschaft ist Klassengesellschaft. Aufgrund von „Tätigkeitsmerkmalen“ hat der Öffentliche Dienst alle Arbeiten bzw. deren Gegenwerte in Lohn-, Vergütungs- und Besoldungstabellen erfasst und nach „Tarifklassen“ gruppiert.[66] Alle Arbeiten des Öffentlichen Dienstes sind *vorbildlich* geordnet - nach *vier* Tarifklassen.

Die Tarifklasse II, die als „Erste Berufsgruppe“ gelten könnte, erfasst alle Arbeiter, Angestellten, Beamten, Soldaten des einfachen und mittleren Dienstes (z.B. Beamte A1 bis A8). Ihr folgt die Tarifklasse 1c für alle Angestellten, Beamten, Soldaten des gehobenen Dienstes (Zweite Berufsgruppe, z.B. A9 bis A12). Mit der Tarifklasse 1b sind alle Angestellten, Beamten, Richter, Soldaten erfasst, die sich im höheren Dienst befinden (Dritte Berufsgruppe, z.B. A13 bis B2). Als letztes folgt die Tarifklasse 1a, ebenfalls für alle Angestellten, Beamten, Richter und Soldaten des höheren Dienstes (Vierte Berufsgruppe, z.B. B3 bis B11). Das niedrigste Grundgehalt (A1) beträgt derzeit etwa ein Zehntel des höchsten Grundgehalts (B11).

Einsehbar ist: Die Arbeit im Öffentlichen Dienst ist vergleichbar mit der im nicht-öffentlichen Dienst, d.h. mit der in der Privatwirtschaft. In beiden Bereichen wird hergestellt, transportiert, verwaltet, gelehrt, geheilt, geforscht, sodass sich die Tätigkeitsmerkmale des Öffentlichen Dienstes zur Eingruppierung aller Arbeiten in der Privatwirtschaft auch eignen, unterschiedslos zur freiberuflichen, unternehmerischen und abhängigen Arbeit. Die gesamte privatwirtschaftliche Arbeit wird so dem Tarifklassensystem des Öffentlichen Dienstes zugeordnet.

Weil „Arbeit“ als *gemeinsames* Wesensmerkmal der Person und Gesellschaft gilt, sollten bei Wahlen zum gesetzgebenden Parlament die Berufsgruppen berücksichtigt werden, also weder Konfession noch Alter noch Geschlecht noch Höhe zu zahlender Steuern usw. Bei innerparteilichen

Wahlen könnten die Zahlenverhältnisse des Öffentlichen Dienstes als Orientierung dienen. Keinesfalls dürfen sie diktiert werden!

Wie sich die vier Berufsgruppen im Verhältnis zur Gesamtzahl der Berufstätigen aufteilen, kann derzeit nur geschätzt werden. Bekannt sind die Gesamtzahlen sowohl im Öffentlichen Dienst als auch die in der Gesellschaft.[67] Auch ist die spezifische Aufteilung im Öffentlichen Dienst bekannt[68], die in der Gesellschaft jedoch nicht. Weder das *Statistische Bundesamt* noch die *Statistischen Landesämter,* deren Veröffentlichungen jeder anfordern kann, geben darüber hinlänglich Auskunft. Man könnte aber - auch bei Abweichung von realen Zahlen - die bekannte Aufteilung im Öffentlichen Dienst auf die Gesellschaft insgesamt übertragen. Welche Schwierigkeiten entständen dabei?

Wenn etwa die Dritte und Vierte Berufsgruppe im Öffentlichen Dienst prozentual etwas größer als in der Gesellschaft wäre, dann könnte - bei Orientierung am Öffentlichen Dienst - die leichte Benachteiligung der Ersten und Zweiten Berufsgruppe toleriert werden. Denn sowohl in den Führungsgremien der politischen Parteien als auch in den Parlamenten sind Abgeordnete aus der Ersten und Zweiten Berufsgruppe kaum vertreten. Eine leichte Benachteiligung könnte toleriert werden. Nach heutigem Stand müsste die Dritte und Vierte Berufsgruppe große Anteile abgeben. Elan und Leistung würden dadurch nicht gemindert. Echte Leistung ist immer anerkannt worden.

Das Tarifklassensystem des Öffentlichen Dienstes ist gegenüber anderen *vorbildlich* beschrieben und an Erfordernisse gut angepasst worden. *Ethische* Norm entstände, wenn es auf das Gleichheitsprinzip bezogen würde, das als Gleichheit der Rechtsanwendung und Gleichheit der Rechtssetzung (Gesetzgebung) auftritt und so festgeschrieben ist.

Bewerber für Parteiamt und Abgeordnetenmandat sollten weniger nach „Sympathie“ als nach fachlicher Fähigkeit ausgesucht werden. Bei gleichen Fähigkeiten sollte nach Berufsgruppen ausgewählt werden.

Wenn Frauen das Merkmal „Geschlecht“ betonen und auf die Parlamente beziehen (Frauenquoten), dann liegt einerseits Berechtigung vor! Andererseits ist zu beachten, dass sowohl bei erwerbstätigen Frauen als auch bei erwerbstätigen Männern die soziale Stellung nicht vom Geschlecht, sondern von der Arbeit und Höhe des gewährten Lohns bestimmt wird. Durch Arbeit und Geld entstehen Handlungsverstärker bzw. Mittel der

Macht, mit denen auch Frauen mächtig sind - mächtiger als Männer! Auf die Mittel der Macht bzw. Mittel zur Freiheit (physikalisch, biologisch, ethisch) ist im zweiten Buch eingegangen worden.

Für den Besitzer eines Restaurants - und erst recht für seine Gäste - ist es relativ unwichtig, ob die Speisen von einer Frau oder einem Mann zubereitet werden: Verrichtete Arbeiten hat der Gast zu bezahlen. Das gilt in anderen Bereichen ebenfalls. Im Übrigen sind die meisten erwerbstätigen Männer der Ersten und Zweiten Berufsgruppe gegenüber den meisten nicht-erwerbstätigen Frauen von Männern der Dritten und Vierten Berufsgruppe schlechter gestellt! Kurz: Nach dem Merkmal „Arbeit" sollten die Parlamente zusammengesetzt werden, wobei Männer und Frauen gleichberechtigt wären.

Das Besetzen der Parlamente nach Berufsgruppen würde ungerechte Löhne zurückdrängen, nicht nur im Öffentlichen Dienst, auch in der Privatwirtschaft, ja im Verhältnis der Gesellschaften untereinander. Rechtsanwälte etwa, die in Parlamenten überproportional vertreten sind, werden durch Tarifverhandlungen nicht belästigt. Für ein „freies" Unternehmertum treten sie ein, befürworten kapitalistische Strukturen, lassen sich selbst aber „sozialistisch" entlohnen, also nicht nach Angebot und Nachfrage auf dem Arbeitsmarkt, sondern nach „Gebührenordnung", die intern ausgehandelt wird. Gleiches gilt für freiberufliche Ärzte und liquidationsberechtigte Krankenhausärzte, für Architekten, Steuerberater usw. (Ohne Rechnungskopie an Kassenpatienten, die in der Lage wären mitzukontrollieren, dürfen erbrachte/nichterbrachte Leistungen weiter abgerechnet werden. Nach Zeitangabe(!) und Zeitabschnitt dagegen, multipliziert mit einem Stundenlohn und einem Faktor für Praxiseinrichtung, könnten Leistungen besser berechnet und kontrolliert werden.)

Personen, die sich zum Abgeordneten eignen, sollten vorher geschult werden, auf einer *Parteienhochschule* bzw. in *parlamentarischen Einführungsseminaren,* auf die unten eingegangen wird (11.4). Hinsichtlich der Tauglichkeit sei erwähnt, dass bei 250 Tausend Einwohnern pro Wahlkreis nur zwei Abgeordnete für den Bundestag erforderlich sind. Als nächstes wird die Wurzel des Übels konkretisiert, mit entsprechenden Forderungen.

7. Wurzel des Übels

Die sozialen Ungerechtigkeiten stammen hauptsächlich aus zwei Wurzeln: erstens aus dem Herkommen der Abgeordneten, zweitens aus der Verweildauer im gesetzgebenden Parlament. Ein beruflich einseitiger Aufbau des Parlaments sowie eine Verweildauer bis zu vierzig Jahren hemmt die politische Aktivität anderer nach Verantwortung strebender Kräfte und verursacht notwendig Opportunität. Früher oder später reagieren fähige Parteimitglieder verdrossen: Ein politischer Aufstieg erscheint unmöglich (Beförderungsstau). Hinzu kommt, dass sich Abgeordnete nach unten hin abschirmen. Oft geben sie wichtige Informationen nicht weiter, werden unwahrhaftig, auch wirtschaftlich korrupt.

7.1. Erste Forderung

In der Regel sollte der Abgeordnete nicht länger als *acht* Jahre im Parlament arbeiten (zwei Legislaturperioden). Das *Berufspolitikertum* - mit bis zu vierzig Jahren im Parlament - macht Problemen gegenüber blind. Personen, die sich für Kanzler- und Ministeramt eignen und von der Fraktion gewählt wurden, könnten eine/zwei weitere Perioden im Parlament arbeiten, also insgesamt *zwölf/sechzehn* Jahre. Ein so geregeltes Verfahren kontrolliert und verteilt politische Macht und sichert demokratische Einflussnahme auf sachpolitische Entscheidungen zu Gunsten der Wähler. Auch wäre die Parteibasis motiviert. Fähige Personen könnten aufsteigen, wären nicht länger blockiert. Man bedenke: Auch in früheren Jahrhunderten herrschten Fürsten und Herren ihr Leben lang!

Abgeordnete streben nach hohen *Parteiämtern,* aus Gründen des Machterhalts! Sobald Parteimitglieder hier nachgeben, entsteht *Berufspolitikertum* mit ungünstigen Folgen. Zwecks Verbleib im Parlament ist den Abgeordneten die Unterstützung seitens der Medieninhaber und anderer Wirtschaftsmächte wichtig. *Berufspolitiker* neigen dazu, sich diesen Mächten anzupassen! Wenn der Einzelne aber wüsste, dass seine Parlamentszeit höchstens acht Jahre währt, dann wäre er frei, nur seinem Gewissen unterworfen, wie im Grundgesetz gefordert (Art. 38). Dann könnte er frei sprechen, fordern, abstimmen, ohne fürchten zu müssen, nicht wiedergewählt zu werden, z. B. wegen „schlechter" Presse!

7.2. Zweite Forderung

Jede Berufsgruppe sollte im Parlament anteilsgerecht repräsentiert sein (ebenso im Parteivorstand). Diesbezüglich sagt das Grundgesetz, dass der Abgeordnete nicht Vertreter seiner Wähler, sondern mit den anderen ein Repräsentant des gesamten Volkes und nur seinem Gewissen unterworfen sei.[69] Jedes Gewissen aber wird durch soziale Herkunft, persönliches Erleben und eigene Erwerbsarbeit beeinflusst. Wenn Abgeordnete „nach bestem Wissen und Gewissen" dem Volke dienen, dann auch auf Grund ihrer Lebenswelten.

Abgeordnete neigen dazu, die Erwerbsarbeit ihrer Berufsgruppe aufzuwerten. Ein Jurist z.B. in hoher Position kennt nicht die Arbeitsbedingungen von z.B. Facharbeitern, Meistern, mittleren Angestellten, schätzt aber seine Leistung nach „bestem Wissen und Gewissen" höher ein. „Was Leistung zu bedeuten habe, wird inhaltlich nicht ausinterpretiert; eher wird skizziert, wie die gesellschaftlichen Werte auszusehen haben, auf denen sich die deutsche Gesellschaft gründen müßte."[70]

In den Parlamenten auf Länder-, Bundes- und Europaebene sitzen freiberufliche Rechtsanwälte, verbeamtete Juristen aus der Ministerialbürokratie, Professoren, Lehrer, leitende Angestellte aus Arbeitgeber- und Arbeitnehmerverbänden, aus Banken, Groß- und mittelständischen Unternehmen. Aufgrund dieser Zusammensetzung sind Rechtsstrukturen entstanden, die einerseits Reichtum fast automatisch anhäufen, andererseits Armut fast automatisch erzeugen, sowohl hier als auch im Verhältnis der Länder untereinander.

Im Bundestag sitzen Abgeordnete mit nebenberuflicher Tätigkeit. Wie aus dem Zusatzteil zum Handbuch des Deutschen Bundestages hervorgeht, übt mehr als ein Drittel aller Abgeordneten neben der politischen Arbeit einen bezahlten Beruf aus.[71] Trotz ständiger Beteuerungen, die Abgeordnetenarbeit sei *eine der härtesten* Arbeiten überhaupt, nimmt die Zahl derer, die nebenher gut verdienen, weiter zu. Außer Anwälten, Apothekern usw. gehören auch Hochschullehrer zu der Gruppe, die - dank Sonderregelung - ihre frühere Erwerbsarbeit fortsetzen dürfen. Besonders ist zu erwähnen, dass nicht wenige Abgeordnete den Aufsichts- und Beiräten von Banken, Verbänden und Großunternehmen angehören. „Spitzenreiter" haben derzeit mehr als zehn solcher Posten inne, von Beraterverträgen, Gutachtertätigkeiten, Firmenbeteiligungen, die „vertraulich" behandelt werden, ganz zu schweigen. Durch diese Nebentätigkeiten lässt sich ein Mehrfaches der gewährten Diäten verdienen. Doch wie soll ein Abgeordneter, der im Aufsichts- oder Beirat einer großen Bank sitzt, seinen Wählern erklären, gegen Strukturen der Armut - national wie international - ankämpfen zu wollen? Das Große ist Abbild des Kleinen.

Für seine Arbeit erhält der Abgeordnete - aus Gründen der Unabhängigkeit - eine angemessene Entschädigung.[72] Unabhängigkeit geht jedoch verloren, wenn zusätzliche Auftraggeber und zusätzliche Einkommen existieren, wenn mit Hinweis auf Datenschutz das verschwiegen wird. Staatlicher Datenschutz ist in solch außerpersönlichen Belangen gar nicht vorhanden.[73] Das tatsächliche Einkommen des Abgeordneten, seine nebenberufliche Abhängigkeit muss zumindest den Parteimitgliedern bekannt sein. Parlamentarische Anfragen und Untersuchungsausschüsse[74] decken im Fall polit-ökonomischer Korruption nur die Spitze eines Eisberges auf. Der Einzelfall geht ins Absurde, wenn überführte Politiker weiterhin „Volksvertreter“ bleiben dürfen. Im Folgenden die Leitfigur hinsichtlich des politischen Handlungskonzepts.

8. Gesamtarbeiter als Leitfigur

Das Wertemuster der Gerechtigkeit gilt nicht nur für Personen, sondern auch für Gesamtarbeiter. Daher die Forderung, das Gehirn des Gesamtarbeiters - die gesetzgebenden Parlamente - nach Berufsgruppen zu besetzen. Eine Aufforderung, daran mitzuwirken, lässt sich im Grundgesetz finden[75], aber auch in Eidesformeln beim Versprechen: Gerechtigkeit gegenüber jedem zu üben bzw. nur der Wahrheit und Gerechtigkeit zu dienen.

In der pluralistischen Gesellschaft finden sich konkurrierende Vorstellungen von Gerechtigkeit und eine Vielzahl verschiedener Freiheitsvorstellungen. Fast jeder hat eine andere Meinung über Ethik und Moral. „Die Freiheit des Glaubens, des Gewissens und die Freiheit des religiösen und weltanschaulichen Bekenntnisses sind unverletzlich“[76], „jeder hat das Recht, seine Meinung in Wort, Schrift und Bild frei zu äußern und zu verbreiten und sich aus allgemein zugänglichen Quellen ungehindert zu unterrichten“.[77] Durch Beachtung dieser und anderer Freiheiten werden Grund- und Menschenrechte geschützt.

Auf der Ebene des Grundgesetzes oder vergleichbarer Verfassung hat sich der Gesetzgeber nicht konkret festgelegt. Mit dem Grundgesetz ist nur der Maßstab gegeben, zwecks Prüfung bzw. Formulierung von Recht und Gesetz, ein Maßstab also, der historisch nicht zuletzt als Antwort auf populäre Vorstellungen von „Gerechtigkeit“ geschaffen wurde. Zum Bau einer besseren Welt ist der Maßstab vorhanden[78], gemäß der *Goldenen Regel:* der Frage und Antwort im Evangelium Jesu. Frage: „Welches ist das größte Gebot im(!) Gesetz?“ Antwort: „... Du sollst deinen Nächsten lieben wie(!) dich selbst.“ Gewiesen sei auf das Kapitel 2.2 !!

Die Goldene Regel weist auf das Gleichheitsprinzip, vorrangig auf die Gleichheit der Rechtssetzung (Gesetzgebung): auf das größte Gebot im(!) Gesetz. Auch das *Prinzip der kleinsten Wirkung* kann mit ihr untermauert werden, jedoch mehr vom Ziel her, wo es - wegen seines komplementären Charakters - als *Prinzip des kleinsten Zwangs bzw. Widerstands* auftritt (vgl. 4.6). Vom Ziel her ist das Prinzip der kleinsten Wirkung ein Hinweis auf die sittliche Freiheit(!) und - *theologisch* gewendet - auf das Reich Gottes im Herzen und in unserer Mitte (Lk 17,20f u.a.).

Stabil ist eine Gesellschaft erst dann, wenn die Natur des Menschen berücksichtigt wird. Daher sind kollektivistische Gesellschaften ebenso wenig lebensfähig wie individualistische. Denn alles gemeinsam zu benutzen, ist der menschlichen Natur zuwider, macht Personen unzufrieden, führt zu Filz, Schlendrian und Zerfall. Alles der Kraft, Ausdauer und Klugheit jeder Person selbst zu überlassen, ist ebenso wenig ratsam, macht vermessen, führt zu Krieg, Leid und Machtmissbrauch.

Aufgrund beider Erfahrungen sollte ein „Dritter Weg" beschritten werden, der weder kollektivistisch noch individualistisch bzw. sowohl kollektivistisch als auch individualistisch ist (erstes Buch, 11.3). Ein Weg der Bewusstwerdung ist damit gemeint. Das beginnt mit Personen, die ins Machtzentrum dringen, das Bewusstsein des Gesamtarbeiters nachhaltig verändern - durch ihr Dortsein hauptsächlich. Quelle dieser Veränderung ist letztlich eine freiheitlich-demokratische Grundordnung, die davon ausgeht: „Jeder Deutsche hat in jedem Lande die gleichen staatsbürgerlichen Rechte und Pflichten ... hat nach seiner Eignung, Befähigung und fachlichen Leistung gleichen Zugang zu jedem öffentlichen Amte."[79]

Was nicht selbst erlebt wurde, kann vollständig nicht begriffen werden - im Großen wie im Kleinen. Man bedenke: Das Gehirn der Person ist mit allen Zellen, Organen, Gliedern des Körpers verbunden. Also handelt die vernünftige Person möglichst so, dass keine ihrer Zellen leidet bzw. Schaden nimmt. Dagegen ist das Gehirn des Gesamtarbeiters (Staatsführung) nicht mit allen „Zellen" verbunden. Gewerkschaften und Arbeitgebervertretungen stellen Verbindungen nur mangelhaft her: Von der produktiven Arbeit sind Funktionäre weit entfernt. Erst im Erleben wird tief begriffen!

Ein Blick lässt erkennen: Gesamtarbeiter sind gesund, geschwächt oder krank. Einigen geht es gut, anderen mäßig und dem Rest schlecht. Die Gesunden verbrauchen rund sechzig Prozent der Weltenergie, die Geschwächten etwa dreißig Prozent und die Kranken und Todkranken, die zusammen die Mehrheit bilden, etwa zehn Prozent. Das ist Diebstahl, das wird die Gesunden ebenfalls schwächen und erkranken lassen - obwohl die Welt genug für jedermanns Bedürfnis hat, aber nicht für jedermanns Gier (M.Gandhi).

Ein in sich ausgewogener Gesamtarbeiter könnte „Leitfigur" sein - für alle redlichen Personen. Soziale Klassen gäbe es nicht mehr, keine Unterdrückung und keine Kriege, die aus Gier weniger entstehen. Sowohl die politische, ökonomische, soziale Leitfigur des „Arbeiters" in sozialistischen Gesellschaften als auch die politische, ökonomische, soziale Leitfigur des „Bürgers" in kapitalistischen Gesellschaften wären aufgehoben und in Gerechtigkeit vereint. Als neue Leitfigur und „Dritter Weg" könnte der gerechte Gesamtarbeiter gelten, zu sich selbst gerecht wie zu anderen Gesamtarbeitern.

Unsere egoistische Geisteshaltung wird sich zu einer *ethischen* wandeln müssen, von einer wissenden zu einer fragenden Haltung, von Herrschaft zu Partnerschaft. Voraussetzung dafür ist der Verzicht auf ein Menschenbild, das uns als abgetrennten Teil zeigt. Vielmehr ist jede Person als Zelle der Menschheit zu verstehen, die ihrerseits in die großen Wissenssysteme Natur und Kosmos eingebunden ist. In dieser Kosmologie ist jede Person einmalig und gleichwertig, wie jede Körperzelle der Person, die auf bestimmte Aufgaben spezialisiert ist und erst im Zusammenwirken mit anderen als Gestalt funktioniert. Diese Synchronizität von Einheit und Vielheit, wie sie von Biologen angenommen wird, ist der philosophische Kern einer neuen Ethik.[80]

Über den Gesamtarbeiter als Leitfigur ist herauszustellen:

1. Sittlich gerecht sollte der Gesamtarbeiter sein, zu sich selbst gerecht wie zu anderen Gesamtarbeitern - gleich der gerechten Person zu anderen, auch schwächeren Personen.

2. Wenn der Gesamtarbeiter zu sich selbst gerecht wäre, so wäre er zu Mitgesamtarbeitern ebenfalls gerecht. Also beginne man damit, zu sich selbst gerecht zu werden, zu den vielen Personen hier im Land.

3. Zu sich selbst gerecht ist der Gesamtarbeiter erst dann, wenn die Erfahrungen der Staatsführung: der gesetzgebenden Parlamente, mit den Erfahrungen des Gesamtarbeiters etwa übereinstimmen

- wenn in der Staatsführung, den gesetzgebenden Parlamenten, jede Berufsgruppe anteilsgerecht vertreten ist (vier Berufsgruppen)
- wenn jeder Kandidat der Parlamentsparteien seine Berufsgruppe bekannt gibt
- wenn in der Staatsführung, den gesetzgebenden Parlamenten, jeder Abgeordnete eine festgelegte Zeit nur verweilt.

Im nächsten Kapitel wird das Wahlsystem dargestellt, danach der Aufbau der politischen Parteien. Schließlich folgt der Verein/Verband durchsichtige Parteien, als Träger des politischen Handlungskonzepts.

9. Wahlsystem

Der Kampf um das Wahlrecht gehört zur Geschichte der Demokratie. Ursprünglich besaß es nur die Oberschicht. Später wurden durch Zuteilung von Mehrstimmen differenzierte Stimmgewichte üblich, um der Oberschicht die Macht zu sichern. Die im 19. Jahrhundert verkündete Forderung nach allgemeinen, gleichen, direkten und geheimen Wahlen[81] war ein zentraler Punkt im Kampf um Demokratie. Weltweit dominiert die parlamentarische Demokratie. Bezüglich der Parlamente ist damit das Wahlsystem angesprochen.

Man wählt in der BRD nach Mehrheits- und Verhältniswahlsystem (gemischtes System). Jeder Wähler hat zwei Stimmen: eine Erststimme fürs Mehrheitswahlsystem, eine Zweitstimme fürs Verhältniswahlsystem. Gemäß Mehrheitswahlsystem ist das Land in Wahlkreise mit etwa gleichgroßer Bevölkerung eingeteilt. In jedem Wahlkreis wird unter Mitwirkung der Parteien ein Kandidat durch Mehrheit der abgegebenen Stimmen gewählt. Weil aber der Wille von Minderheiten dabei ungenügend zum Ausdruck kommt, wird die Hälfte der Kandidaten für Bundes- und Landtag durch Verhältniswahl bestimmt. Die Kandidaten für das Europäische Parlament werden in der BRD nach reinem Verhältniswahlsystem bestimmt.

Für die Verhältniswahl stellen die Parteien Kandidatenlisten auf. Jede Partei erhält - von Korrektur- und Verrechnungsverfahren abgesehen - so viele Parlamentssitze, wie ihr nach dem Verhältnis der für sie abgegebenen Stimmen zustehen. Das Konzept der Verhältniswahl erfordert große Wahlkreise: Die Parteien sollen untereinander konkurrieren. Jede zugelassene Partei muss in der BRD mindestens fünf Prozent der Wählerstimmen oder drei Direktmandate bekommen, um bei der Mandatsverteilung berücksichtigt zu werden. Man wählt mehr Parteien als Personen, sodass auch rednerisch weniger begabte, aber geeignete Fachleute in die Parlamente gelangen.

Die Dynamik des Mehrheitswahlsystems wird mit dem Konzept der Verhältniswahl teils aufgehoben. Kandidaten, die im Wahlkreis durchfallen oder durchfallen würden, kommen durch obere Listenplätze dennoch ins Parlament. Damit ist der Interessensvertretung Tür und Tor geöffnet. Derzeit haben in der BRD Arbeitgeberverbände und Gewerkschaften „hauseigene“ Abgeordnete[82], die nicht nur nationale, sondern auch internationale Interessen konsequent vertreten.

Durch die Verhältniswahl gelangen Interessensvertreter ins Parlament, was Parteimitglieder verhindern könnten. Nicht-Parteimitglieder haben auf diese Abgeordneten so gut wie gar keinen Einfluss. Zum großen Teil sind es Berufspolitiker, die Jahrzehnte im Parlament bleiben (Lebenszeit-Abgeordnete).

Abgeordnete gelangen in die Parlamente über Parteien. Um gezielt arbeiten zu können, sind Kenntnisse über Aufbau und Arbeitsweise der Parteien entscheidend, wobei zwischen funktionellem und personellem Aufbau unterschieden wird. Weil sich alle Parteien *periodisch* erneuern müssen, ist die *Delegiertenwahl* bzw. innerparteiliche Demokratie besonders wichtig! Im Folgenden nur die *erforderlichen* Informationen über die politischen Parteien. Betont und wiederholt sei: Die Mängel der Gesetzgebung sind die Mängel der politischen Parteien!

10. Politische Parteien

Um die Wende zum 20. Jahrhundert (Revisionismus) wiesen führende Sozialisten auf den Unterschied zwischen *Marx*scher Lehre und reformerischer Parteiarbeit. Man brachte den Revisionismus mit dem Sozialprofil der Parteiführung in Verbindung. Heute, mehr als hundert Jahre später, ist das Sozialprofil der Parteiführung ähnlich versetzt, zu Gunsten der Ober- und oberen Mittelschicht bzw. zu Ungunsten der Arbeitnehmer.

Die politischen Parteien sind verpflichtet, demokratischen Grundsätzen zu folgen.[83] Sie haben die Aufgabe, neue Kräfte aus dem Volk in die Staatsführung zu bringen. Vergleichend lässt sich sagen: Politische Parteien sind Leit- oder Trichtersysteme zwischen Volk und Staatsführung. Ihre Spitzen ragen in die Staatsführung.

Die ins Parlament entsandten Mitglieder einer Partei bilden dort eine Fraktion (ab einer bestimmten Zahl). Die rechtliche Stellung der Fraktion ist grundgesetzlich geregelt. An Aufträge und Weisungen ist der Abgeordnete nicht gebunden.[84] Folglich ist die Fraktion kein ausführendes Organ des Parteivorstands. Konflikte zwischen ihnen sind möglich und können - wie die Parlamentsgeschichte zeigt - zu Neuerungen führen.

Meist sind Parteiamt und Abgeordnetenmandat mit der Parteisatzung vereinbar. Folglich sitzen Mitglieder des Parteivorstands auch in Parlamenten. Wer dem Parteivorstand angehört, ist bei Neuwahlen im Vorteil. Der Parteivorstand übt bei der Kandidatenauswahl starken Einfluss aus. Er stellt die sogenannte Landesliste (Namensliste) auf, über die die Hälfte der Kandidaten ins Parlament gelangt.

Wirtschaftsparteien (FDP) haben meist eine Stammwählerschaft unter fünf Prozent der Gesamtstimmen, erhalten mit Leihstimmen aber bis zu zehn Prozent. Damit pendeln sie zwischen großen Parteiblöcken, der SPD und CDU/CSU hierzulande. Sie sind Mehrheitsbeschaffer, können Maximalforderungen stellen und auch durchsetzen, und zwar auf beiden Seiten. Jede Wirtschaftspartei fordert in Koalitionsverhandlungen zuerst das Wirtschaftsministerium (möglichst mit Finanz- oder Außenministerium). Hinter dem Wirtschaftsliberalismus verbergen sich Interessen des Großkapitals. Es versteht sich von selbst, dass zur Durchsetzung dieser Interessen Parteispenden erforderlich sind.

Die Parteien sind hierzulande verpflichtet, über die Herkunft ihrer Mittel

Rechenschaft abzulegen.[85] Einflüsse könnten so erkennbar, Korruptionen gemindert und die Chancengleichheit verbessert werden. Es ist fraglich, wie weit die Pflicht zur Rechenschaftslegung befolgt wird. Keine Partei erfüllt sie hinlänglich und der politisch nicht-organisierte Wähler signalisiert Gleichgültigkeit.

Alle Parteien vernachlässigen ihren Bildungsauftrag. Dem Streben nach Wahlerfolg wird die Durchdringung der Gesellschaft geopfert. Man ist nicht so sehr um Bildung der Wähler bemüht, vielmehr darum, sich den Erwartungen des „redlichen Mannes“ aus dem Volk anzupassen. „Die Bestrebungen und Wünsche des Mannes aus dem Volk aber sind ein Produkt der bestehenden Gesellschaft, ihrer Ideen, der Verhaltensmodelle, die sie suggeriert, ihrer Bildungsinstrumente, der konformistischen Mentalität, die sie vermittelt.“[86] Die Parteien werben um Massen. Nicht langfristige Programme, sondern pragmatische Politik stehen im Vordergrund.

Jede Gesellschaft ist qualitativ so gut wie das Bewusstsein der Personen und *Institutionen!* Es geht nicht darum, eine Gesellschaft zu zerstören. Es geht um *innerparteiliche* Demokratie, um die Gleichheit der Rechtssetzung (Gesetzgebung, 5.1/5.2). Dafür müssen Aufbau und Arbeitsweise der Parteien bekannt sein. Zwischen funktionellem und personellem Aufbau ist zu unterscheiden. Im Folgenden ein Blick auf unsere Parteien.

10.1. Funktioneller Aufbau

Der funktionelle Aufbau der Partei muss, laut Parteiengesetz, aus den Satzungen hervorgehen. Mehr als neunzig Prozent der Parteimitglieder kennen Aufbau und Arbeitsweise ihrer Partei kaum. Sie folgen der jeweiligen Parteiführung überwiegend „blind“, soweit sie überhaupt noch mitarbeiten (achtzig Prozent „Karteileichen“, was gewisse Parteimitglieder begünstigt).

Das Parteigebäude (BRD) besteht aus fünf Gliederungen: der Orts-, Kreis-, Bezirks-, Landes-, Bundesgliederung. Neumitglieder erhalten die Bundessatzung, die in der Orts-, Kreis-, Bezirks- und Landesgliederung von geringem Wert ist. Jede Gliederung hat ihre eigene Satzung, die gegen die Satzung der Gesamtpartei (Bundesstatut) nicht verstoßen darf.

Nur die Parteimitglieder eines Ortes bilden gemeinsam einen Ortsverein, der hauptsächlich greifbare Ortsthemen behandelt (Bauen, Wohnen usw.). Doch alle Ortsvereine der BRD zusammen - mit ihren ortsbezogenen

Aufgaben - bilden die *Ortsgliederung* der Partei. Gleiches gilt für die höheren Gliederungen.

Nur die Ortsvereine eines Kreises bilden gemeinsam einen Kreisverband, der sich hauptsächlich mit Kreisthemen beschäftigt (Kreisstraßen, Kreiskrankenhäuser usw.). Doch alle Kreisverbände der BRD zusammen - mit ihren kreisbezogenen Aufgaben - bilden die *Kreisgliederung* der Partei.

Auf gleiche Weise setzt sich die Bezirksgliederung (Bezirksverbände), die Landesgliederung (Landesverbände) und die Bundesgliederung (Bundespartei) zusammen. Alles weitere geht aus den Satzungen der Parteigliederungen hervor, die von Bundesland zu Bundesland verschieden sein können. Wie baut sich das Gebäude unserer Partei aber auf? Ich beginne wieder in der Ortsgliederung.

10.2. Personeller Aufbau

Auf der untersten Parteistufe (Ortsgliederung) hat jedes Mitglied ein *direktes* Mitspracherecht. Dort werden nicht nur politische Programme erstellt, sondern auch Personen für Parteiämter und Kommunalparlamente direkt gewählt. Auf der nächsthöheren Parteistufe (Kreisgliederung), wo mehrere Ortsvereine einen Kreisverband bilden, ist die Zahl der Mitglieder meist zu groß, sodass nicht jedes Mitglied ein direktes Mitspracherecht erhalten kann.

In sogenannten *Hauptversammlungen* wählen alle Ortsvereine eines Kreises - aus ihren Mitten - je eine Anzahl Delegierter (Vertreter) für die *Kreisversammlung,* und zwar für zwei Jahre. In der kommenden Kreisversammlung (Kreisparteitag) wählen diese Delegierten - aus ihrer Mitte - den Kreisvorstand, und zwar ebenfalls für zwei Jahre. Durch *Delegiertenwahlen* in den Ortsvereinen des Kreises also wird der einzelne Kreisverband aufgebaut. Die Delegiertenwahl ist das *wichtigste* Parteiereignis!

Wichtig: Nicht der Vorstand, sondern die Mitglieder- bzw. Delegiertenversammlung (Hauptversammlung bzw. Parteitag) ist oberstes Organ der jeweiligen Gebietskörperschaft. Diese Versammlung führt auf der untersten Stufe die Bezeichnung „Hauptversammlung“, auf den höheren Stufen die Bezeichnung „Parteitag“.

Auf Kreisparteitagen wählen die Kreisdelegierten nicht nur ihre Kreisvorstände, sondern auch - als *wichtigste* Parteiereignisse - die Delegierten der

Bezirksversammlung (Bezirksparteitag), die aus allen Kreisverbänden des Bezirks hervorgeht. Durch Delegiertenwahlen ist der einzelne Bezirksverband entstanden (teils aufgehoben). Entsprechend bilden sich Landesverbände und schließlich der Bundesverband unserer Partei.

Falls nur wenige Parteimitglieder in einem Kreis oder Bezirk wohnen, muss in Mitgliederversammlungen getagt werden. Doch in der Regel treten alle höheren Parteigliederungen in Delegiertenversammlungen auf. Man sendet Delegierte aus der unteren Gliederung in die nächst höhere, so vom Ortsverein in den Kreisparteitag, vom Kreisparteitag in den Bezirksparteitag usw. Meist gilt aber die Regelung, einzelne Gliederungen zu überspringen, damit ungefilterte Einflüsse nach oben hin möglich sind. Dies ist der Fall, wenn der Kreisparteitag seine Delegierten für den Landes- und Bundesparteitag direkt wählt.

Das Gebäude unserer Partei wird bis zur Spitze durch *Delegiertenwahlen* aufgebaut. In Versammlungen (Hauptversammlungen, Parteitage), wo sie stattfinden, wird gegen Sitzungsende oft gewählt, d.h. in späteren Abendstunden. Auch wird besonders in der Ortsgliederung, wo der Parteiaufbau ja beginnt, in der schriftlichen Einladung ihre *Wichtigkeit* nicht betont! In der Ortsgliederung liegt die Wurzel vieler Übel.

Erwartungsgemäß bleiben die meisten Mitglieder den wichtigsten Versammlungen der Ortsgliederung (Hauptversammlungen) fern, überwiegend solche aus der Ersten und Zweiten Berufsgruppe (6). Privilegierte aber, mit mehr Zeit für Politik, nehmen wissend daran teil: Bei Delegiertenwahlen erhöhen sich ihre Chancen mit jedem fehlenden Mitglied.

Schon in der Kreisgliederung werden politische Weichen gestellt: Fähige Personen aus der Ersten und Zweiten Berufsgruppe, die in die Kreisgliederung gewählt wurden, haben in Vorstands- und Delegiertenwahlen für höhere Gliederungen kaum Chancen, weil ihre Anhänger dort fehlen! In die Bezirks-, Landes- und Bundesgliederung also werden sie selten gewählt. Doch die Delegierten der Bezirks- und Landesgliederung bestimmen wesentlich mit, wer als Abgeordneter in die Staatsführung, ins gesetzgebende Bundes- und Landesparlament, ziehen darf.

Parteivorstände entwickeln früher oder später die Neigung, sich nach unten hin abzuschirmen. Wichtige Informationen über Wege des Aufstiegs, über Einflussnahme und Arbeitsweise der Partei werden einbehalten. Sich diese Informationen selbst zu besorgen, fällt beruflich hart arbeitenden Personen besonders schwer!

Parteien stellen große, nicht-überschaubare Gruppen dar. Den meisten Mitgliedern, die überwiegend der Ersten und Zweiten Berufsgruppe angehören, bleiben Aufbau und Arbeitsweise der Parteien unbekannt! Sie beschäftigen sich - wie die Bürgerinitiativen - mit greifbar nahen Dingen. Die Mandatsträger sind damit einverstanden.

10.3. Innerparteiliche Wahlen

Die einfachen Parteimitglieder (politische Basis) können die einseitige Machtausübung in den oberen Gliederungen noch nicht verhindern - aus Mangel an Information. Ihnen gelingt es auch nicht, Personen dort abzulösen: Die oberen Gliederungen liegen im Dunkeln, wobei die Macht stärker als umgekehrt von oben nach unten wirkt. Die stärkere Macht wirkt aus dem Dunklen! Oder anders: Ein Plus an Information bewirkt ein Plus an Macht; denn Information ist Macht!

Den meisten Mitgliedern ist die *Wichtigkeit* der Delegiertenwahl nicht bewusst! Bereits auf der untersten Stufe (Ortsgliederung) werden Delegierte zu Kreisparteitagen gewählt, die für die Ortsvereine nicht repräsentativ sind. Ähnliches geschieht auf der nächsthöheren Stufe. Die Delegierten der Kreisparteitage wählen für die Bezirks-, Landes- und Bundesparteitage redegewandte, äußerlich angenehme Delegierte, die sich wiederum beruflich herausheben. Dieses Wahlverhalten hat zur Folge, dass das Berufsprofil der Parteitagsdelegierten mit dem Berufsprofil der Ortsvereinsmitglieder nicht deckungsgleich ist. Oder anders: Der Abstand zwischen beiden Berufsprofilen nimmt mit der Parteigliederung nach oben hin zu! Wird ferner berücksichtigt, dass die Delegierten der jeweiligen Parteitage ihre Vorstände nach ähnlichen Kriterien wählen, dann nimmt der berufsbezogene Abstand zwischen Parteiführung und Parteibasis noch mehr zu.

Für die Wahl der Bundes- und Landtagsabgeordneten sind zwei Ebenen wichtig: zum einen die Landes- bzw. Bezirksebene, zum andern die Kreis- oder Wahlkreisebene. Auf der Landes- bzw. Bezirksebene stellt jeder Landesvorstand im Benehmen mit den zugehörigen Bezirksvorständen die erwähnte Landesliste (Namensliste) auf, wobei die Reihenfolge der Namen darüber entscheidet, wer ins Bundes- bzw. Landesparlament ziehen könnte (Verhältniswahlsystem). Die letzte Entscheidung - Annahme oder Veränderung der Landesliste - liegt bei den Delegierten des entsprechenden Parteitags! Über den anderen Teil der Bundes- und Landtagsabgeordneten wird auf der Kreis- oder Wahlkreisebene entschieden (Mehrheitswahlsystem). Diese Ebene ist dichter an der Parteibasis. Doch von Ausnahmen abgesehen sind es wieder Delegierte, die über die Aufstellung der Kandidaten entscheiden (demgegenüber haben Nicht-Parteimitglieder eingeschränkte Möglichkeiten: Sie wählen zwischen den von Parteien aufgestellten Kandidaten, was deutlich macht, dass die *innerparteiliche Demokratie* vorrangig ist). Die Bundesorganisationen der Parteien sind an der Aufstellung der Kandidaten unmittelbar (noch) nicht beteiligt. Die Abgeordneten für das Europäische Parlament werden ähnlich gewählt.

Meist sind die Abgeordneten der Bundes- und Länderparlamente (Mandatsträger) auch Vorstandsmitglieder (Amtsinhaber) höherer Parteigliederungen. Das heißt, Mandat (von Bürgern durch Wahl beauftragt) und Amt (von Parteimitgliedern durch Wahl beauftragt) sind vereint. Das Entscheidende für die Gesetzgebung ist natürlich das Mandat, das der Abgeordnete behalten will. Für diesen Zweck ist das höhere Parteiamt (Vorstandsamt) wichtig. Mit ihm werden nicht nur wichtige Informationsquellen gesichert! Die Vorstandsmitglieder höherer Parteigliederungen haben auch - wie erwähnt - das Vorschlagsrecht für die Aufstellung der Landesliste. Falls Mandat und Vorstandsamt in einer Person vereint sind, kann diese Person - für die Parteibasis unmerklich - sich zum Kandidaten für die nächste Bundes- oder Landtagswahl selbst aufstellen, natürlich nur in Absprache mit anderen Vorstandsmitgliedern, die möglicherweise dasselbe tun. Wichtige Informationen über innerparteiliche Wahlen, Antragstermine, über den Aufbau der Partei, die Arbeitsweise ihrer Organe, über personelle Besetzungen usw. werden zögerlich oder gar nicht nach unten gegeben. Ein wirkungsvoller Aufbau von Gegenmacht (Information ist Macht) wird auf diese Weise verhindert.

Die Ausführungen machen deutlich, dass die Ursachen der Missstände eigentlich in den Parteien liegen, in deren Orts- und Kreisgliederungen. In den Volksparteien, die das Volk je repräsentieren, könnte *Deckungsgleichheit* bestehen, und zwar durch Delegiertenwahl. Das heißt: Das Berufsprofil der in der Partei Gewählten könnte mit dem der Gesamtbevölkerung etwa übereinstimmen. Wie lässt sich das erreichen?

Vor innerparteilichen Wahlen könnte das *Berufsprofil der Kandidaten* einerseits(!) den anwesenden Mitgliedern/Delegierten vorgelegt werden, was die Datenschutzgesetze (11.3) nicht verbieten. Andererseits(!) könnte das *Berufsprofil der Gesamtbevölkerung,* das - gegliedert nach Kreisen - vom Statistischen Bundesamt bzw. den Statistischen Landesämtern bezogen werden kann[87], den Mitgliedern/Delegierten ebenfalls vorgelegt werden, sodass ein Vergleich - Berufsprofil der Kandidaten *einerseits* und Berufsprofil der Gesamtbevölkerung (Kreis, Bezirk, Land, Bund) *andererseits* - möglich wäre. Mit diesem Vergleich ließe sich das frühere Wahlverhalten ggf. korrigieren. Weil für die Wahl der Mandatskandidaten ebenfalls Delegierte zuständig sind, könnte derselbe Vergleich auch dort vorgenommen werden (auf Dauer können die Kandidaten ihre Berufe nicht verschleiern). Näheres in 11.2.

Ein Durchsichtigmachen der oberen Parteigliederungen ist dringend geboten! Undurchsichtige Parteien bringen nicht die besten Abgeordneten in die Parlamente. Offene und redliche Personen bleiben auf der Strecke.

In den Volksparteien sind alle Berufsgruppen vertreten. Fähige Personen aus der Ersten und Zweiten Berufsgruppe, die in Partei und Gesellschaft die Mehrheit stellen, werden selten in die Staatsführung geleitet - nicht so sehr aus Mangel an Fähigkeit und Bereitschaft, vielmehr aus Mangel an Information bzw. *innerparteilicher* Demokratie!

Parteien kanalisieren Abgeordnete in die Staatsführung. Mängel der Parteien gehen auf die Staatsführung über, dann auf Gesetz und Staat und schließlich auf die ganze Gesellschaft: Ungerecht ist der Gesamtarbeiter BRD - sowohl nach innen als auch nach außen (auf dem Weltmarkt).

Mitglieder, die ihre Partei kritisieren, können politisch nicht aufsteigen! Ein Verein/Verband, der Parteien durchsichtig macht, ist dringend geboten! Selbst können Parteien das nicht leisten, was jeder, der politisch arbeitet, auch weiß. Gefragt sind Politiker, die andere angreifen. Nestbeschmutzer werden meistens verjagt!

Der Verein/Verband soll optimale Ergebnisse mit kleinstem Aufwand erzielen (Prinzip des kleinsten Aufwands). Mit ihm sollen Automationen von Bereicherung bzw. Verarmung aufgeweicht werden. Dabei kann nicht gesagt werden, ob andere Länder - innerhalb der Europäischen Union - der Vereinsarbeit folgen werden. Bisher hingen weder politische noch andere Entwicklungen davon ab, dass sich alle auf ein gemeinsames Vorgehen geeinigt hätten. „Fortschritt entsteht in der Evolution dadurch, dass Einzelne damit anfangen.“[88]

11. Verein/Verband durchsichtige Parteien (VdP e.V.)

Eine Lebensweisheit lautet: Vertrauen ist gut, Kontrolle ist besser. Was im Kleinen gang und gäbe ist, ist im Großen dringend nötig, nämlich dort, wo *öffentliche Interessen* bestehen. Politische Parteien durchsichtig darzustellen, hat mit schnüfflerischer Gesinnung nichts zu tun, ist zum Wohle der Gesellschaft angeraten. In Büchern, Zeitungen, Rundfunk- und Fernsehsendungen wird der gläserne Abgeordnete und die gläserne Partei gefordert. Mit dem vorliegenden Konzept wird dem entsprochen.

11.1. Aufbau

Zum Durchleuchten politischer Parteien gehört ein Verein/Verband. Günstig wäre es, seine räumliche Gliederung an die der Parteien anzupassen. Als kleinste Einheiten sollen nicht Ortsvereine, sondern Kreisvereine gegründet werden, in denen Informationen aus den Ortsvereinen zusammenlaufen. Auf der nächsthöheren Stufe folgen die Bezirksverbände, die Informationen aus den Kreisen verarbeiten. Entsprechendes gilt für die Landesverbände, die zu einem Bundesverband als Gesamtorganisation zusammenzuschließen sind: dem Bundesverband durchsichtige Parteien.

Der Verein/Verband muss sich volksrepräsentativ zusammensetzen. In jedem Kreisverein muss das Berufsprofil seiner Mitglieder mit dem der Gesamtbevölkerung etwa übereinstimmen. Bei fehlender Übereinstimmung entstehen für aufnahmewillige Personen nur Wartezeiten. Einen volksrepräsentativen Verein/Verband können Gegner nicht unterlaufen. Seine personelle Zusammensetzung muss von Zeit zu Zeit überprüft werden (Kontrollkommissionen).

Keinesfalls dürfen politische Parteien auf jenes Organ, das sie durchleuchten soll, Einfluss ausüben: auf den Verein/Verband durchsichtige Parteien. Nicht selten sind Kontrollorgane so neutralisiert worden.

Im Verein/Verband sollen Mitglieder aus verschiedenen Parteien zusammenarbeiten. Weil nur politische Parteien zu durchleuchten sind, sollte dies gelingen. Aus der Gruppe der Parteien sind diejenigen wichtig, die Abgeordnete in die Länder- und Bundesparlamente sowie ins Europäische Parlament entsenden (Parlamentsparteien). Vorrangig sind die Volksparteien zu beachten.

Mitglieder verschiedener Parteien sollen konfliktfrei miteinander arbeiten. Parteiübergreifendes Arbeiten ist möglich, wenn politische Inhalte nicht berührt werden! Dazu sind die Vereinsmitglieder ebenso wie der Verband insgesamt verpflichtet!

Pro Ort und Partei benötigt der einzelne Kreisverein *mindestens* eine Person, die sowohl Vereinsmitglied als auch Parteimitglied sein muss. - Wenige Personen können viel erreichen, bei geringem Aufwand für Einzelne (4.6).

Zusätzlich sind Vereinsmitglieder zwecks Förderung von Projekten in Entwicklungsländern nötig - möglichst viele! Entwicklungshilfe sollte - wie erwähnt - nicht einseitig, sondern zweiseitig erfolgen: zum einen je ortsnah, also vielerorts, zum andern in Entwicklungsländern. Mehr dazu im vierten Buch.

Zwecks effizienter Arbeit muss jeder Kreisverein ein eigenes Büro einrichten, mit *normierter* und *standardisierter* Ausstattung. Wegen gleicher Ziele muss die Problemstellung und -bearbeitung ebenfalls normiert werden. Durch Normierung und Standardisierung lässt sich das Verhältnis Aufwand und Ertrag optimieren. Pläne dafür könnten jederzeit erstellt werden. Neueste Informationstechnik sollte man nutzen. Die Vereins/Verbandsarbeit ist auf *innerparteiliche* Wahlen gerichtet.

Jedes Kreisbüro ist mit jeder Verbandsgliederung zu vernetzen. Die Computer auf der gleichen Organisationsebene sind untereinander nicht zu verbinden. Die Verbindungen laufen nur zwischen den unter- und übergeordneten Gliederungen. Die computergespeicherten und computerauszutauschenden Daten müssen nach außen hin verschlossen sein (gewählte Benutzergruppe). Die Benutzer sind Vereins/Verbandsmitglieder. Näheres muss ein „Handbuch" regeln.

Jeder Kreisverein muss die *Delegiertenwahlen* beachten: vorrangig die seines Kreises. Die Wahlergebnisse müssen gesammelt, geordnet und in Computer eingespeist werden. Weil die Computer der Kreisvereine mit denen der Bezirks- und Landesverbände und ferner mit dem des Bundesverbands verbunden sind, lassen sich alle Parteigliederungen durchsichtig darstellen. Vor innerparteilichen Wahlen werden die Daten (die der Parteitagsdelegierten eines Bezirks oder die eines Bundeslandes) vom Zentralcomputer abgerufen und den Delegierten zur Verfügung gestellt. Doch zurück zu einer genaueren Beschreibung - in mehreren Stufen!

11.2. Arbeitsweise

Der Verein/Verband sollte mit festen Mitarbeitern und bezahlten Informanden arbeiten (wie Zeitungen und andere Medien). Mitarbeiter brauchen weder „sympathisch" noch um Wählerstimmen bemüht sein. Sie könnten „chancenlose" Parteimitglieder sein, die für eine wichtige Arbeit Anerkennung bekämen - je in ihrer Partei.

Zur Aufgabe des Vereins/Verbands gehört es, der Parteibasis die *Wichtigkeit* der Delegiertenwahl bewusst zu machen: Sowohl die höheren Parteigliederungen als auch die gesetzgebenden Parlamente werden durch Delegiertenwahlen aufgebaut! Die Parteibasis sollte erkennen, dass Mängel der Delegiertenwahlen zu Mängeln in der Gesetzgebung führen, dass *„solidarisches"* Wahlverhalten erforderlich ist, um fähige Mitglieder aus der Ersten und Zweiten Berufsgruppe in die Parlamente zu bringen.

Nur geringer Aufwand wäre erforderlich, in *Hauptversammlungen* deutlich zu machen, dass jedes anwesende Parteimitglied *solidarisch, d. h. seinesgleichen,* wählen sollte: Parteimitglieder aus der Dritten und Vierten Berufsgruppe haben seit jeher so gewählt. Wer in einer Hauptversammlung zum Delegierten gewählt wird, braucht nicht redegewandt zu sein! Als Delegierter soll er nur die Kreisversammlung aufsuchen (Parteitag, Wahlkreiskonferenz), soll bei Wahlen für Parteiamt, Mandat, Delegation möglichst *seinesgleichen* unterstützen.

Solidarisches Wahlverhalten ist den gegenwärtigen Verhältnissen angemessen: In der Kreisgliederung fehlt den bewährten Personen aus der Ersten und Zweiten Berufsgruppe derzeit nur die Anhängerschaft (10.2).

Bei solidarischem Wahlverhalten in der Hauptversammlung wäre die nächsthöhere Kreisversammlung *annähernd* partei- und volksrepräsentativ. Das heißt, die Delegierten aus der Ersten und Zweiten Berufsgruppe hätten die absolute Mehrheit dort. Diejenigen Delegierten aus der Ersten und Zweiten Berufsgruppe, die sich für Parteiamt und Abgeordnetenmandat eignen und in der Kreisversammlung zur Verfügung ständen, erhielten bei solidarischem Wahlverhalten wiederum die Mehrheit dort. Auf diese Weise könnten die oberen Parteigliederungen und Parlamente annähernd volksrepräsentativ werden. Wie soll sich der Verein/Verband dabei einbringen?

Zurück zur Parteibasis, zur *Hauptversammlung* des einzelnen Ortsvereins, wo die Delegierten für den Kreisverband gewählt werden (für zwei Jahre höchstens). Zu dieser Hauptversammlung sollen zwei Mitglieder des Vereins/Verbands gehen. Dort sollen sie die anwesenden Parteimitglieder über Ziele des Vereins/Verbands informieren, natürlich vor den innerparteilichen Wahlen. Standvermögen wäre erforderlich: Mit Widerständen sollte gerechnet werden.

Das Informieren sollte *ohne* Wortmeldung geschehen, nur durch vorbereitete *Kurztexte!* Dafür ist pro Ortsverein mindestens eine Person erforderlich, die sowohl Mitglied des Vereins/Verbands als auch Mitglied der entsprechenden Partei sein muss. Da jede Volkspartei weit mehr als hundert Mitglieder pro Ortsverein hat, wird es nicht sonderlich schwer fallen, zwei Personen pro Partei und Ortsverein für den Verein/Verband zu gewinnen. Für Vereinsziele könnte man auch in eine Partei eintreten.

Jene Vereins/Verbandsmitglieder, die zur *Parteibasis* gehen, müssen die Parteimitglieder nicht nur über Ziele des Vereins/Verbands informieren. Auch müssen sie die Wahlergebnisse zur *Kreisverversammlung* dort aufschreiben. Dazu gehören Name, Anschrift, Beruf/Berufsgruppe sowie Parteiamt und Abgeordnetenmandat der Gewählten (in Übereinstimmung mit den Datenschutzgesetzen, 11.3). In Computer müssen diese Daten eingespeist werden: hinsichtlich kommender Kreisversammlungen! Diese Daten sind von *öffentlichem* Interesse!

Die personelle Zusammensetzung der untersten Parteigliederung - die der Ortsvereine - ist durch persönlichen Umgang allgemein bekannt. Bei Wahlen zur Ortsgliederung sollen keine Daten gespeichert werden.

Die Delegierten der Kreisversammlung (Kreisparteitag) wählen aus ihrer Mitte, wie erwähnt, Delegierte zum Bezirks-, Landes- und Bundesparteitag, die mindestens zweijährlich je stattfinden. Diese Parteitage müssen Mitglieder des Vereins/Verbands wieder aufsuchen (notfalls als Gast), um die anfallenden Wahlergebnisse (Vorstand usw.) erfahren, notieren und in Computer einspeisen zu können. Jedem Delegierten ist zudem die personelle Zusammensetzung des *gegenwärtigen* Parteitags bekannt zu geben. Wie kann das geschehen? Mit moderner Informatik. Ein Blick zurück.

Der Verein/Verband muss alle innerparteilichen Wahlergebnisse gesammelt und in Computer eingespeist haben. Dafür sind, wie erwähnt, *relativ* wenige Personen erforderlich. Da die Computer der Kreisvereine mit denen der Bezirks- und Landesverbände vernetzt sind und zudem eine direkte Verbindung zum Computer des Bundesverbands besteht, kann jeder Computer der Kreisvereine jede Parteigliederung durchsichtig darstellen.

Datenbestände, die nach Kreis, Bezirk, Land und Bund eingespeist wurden (parteigetrennt), lassen sich abrufen. Das heißt, die Daten, z.B. die der Parteitagsdelegierten eines bestimmten Kreises, eines Bezirks oder eines Bundeslandes, können von Computer zu Computer fernübertragen werden. Die Gesamtdatei wird am Zentralcomputer verwaltet.

Vor einem Parteitag werden die Daten der Delegierten vom Computer abgerufen und separat vorbereitet (moderne Informatik). Jene Mitglieder des Vereins, die zum Parteitag gehen, müssen die *neuanfallenden* Wahlergebnisse nicht nur aufzeichnen. Vor der Wahl muss jeder Delegierte auch einen „Ausdruck" des gerade stattfindenden Parteitags erhalten, auf dem *zwei Berufsprofile* stehen: zum einen das der Gesamtbevölkerung,[89] zum andern das der geladenen Delegierten, und zwar mit *kurzer* Erklärung und der Wahlempfehlung „seinesgleichen/ihresgleichen".

Das Berufsprofil der Gesamtbevölkerung, das sich auf *vier* Prozentzahlen beschränkt (vier Berufsgruppen), ist statistisch vorgegeben und dient nur zum Vergleich. Das Berufsprofil der Delegierten ist durch frühere Wahlen ebenfalls vorgegeben, muss jedoch (weil veränderbar) *einzeln* aufgelistet worden sein (Name, Berufsgruppe, Parteiamt usw), um aus der Mitte des Parteitags *solidarisch* wählen zu können.

Durch Wahlvorschläge kann jeder Delegierte, anhand der Auflistung, das Berufsprofil der *neuen Kandidaten* an das der Gesamtbevölkerung nun anpassen. Erst danach erfolgt die Wahl zum Mandat, Parteiamt oder Delegierten des höheren Parteitags.

Die Wahlergebnisse werden notiert und in Computer später eingespeist. Alte Daten sollten gelöscht werden. Die Früchte der Arbeit würden erst nach Jahren sichtbar werden.

In *jedem* Fall sind die Wahlergebnisse anzuerkennen: Die Delegierten sind in die Wahl wissend gegangen! Als Ziel muss natürlich gelten, dass die Partei die Daten aller Delegierten am Ort des Parteitags selbst präsentiert: auf großen elektronisch gesteuerten Schautafeln - für jeden Delegierten gut lesbar. Auch könnten vor Beginn des Parteitags *alternative* Kandidaten schon bestimmt worden sein. Die Vorschläge aus der Mitte des Parteitags sind erlaubt und *echt demokratisch,* würden aber, entgegen

Parteisatzungen, von Vorständen sicherlich bekämpft werden.

Gegenwärtige Verhältnisse zeigen: Vor innerparteilichen Wahlen fehlen fast allen Delegierten wichtige Informationen. Die einzelnen Delegierten kommen aus verstreuten Gegenden, sie kennen sich untereinander nicht! Dennoch sollen sie - aus ihrer Mitte - Personen für Parteiamt und Abgeordnetenmandat wählen, was allzu oft „blind“ geschieht (notgedrungen folgt man Vorschlägen von Parteivorständen - ohne eigene Alternative).

11.3. Datenschutzgesetz

Man könnte meinen, dass durch Übermittlung innerparteilicher Wahlergebnisse (mit Name, Anschrift, Beruf) das Datenschutzgesetz verletzt wird. Das Gegenteil ist richtig! Innerparteiliche Wahlergebnisse sind von hohem öffentlichen Interesse. Nach geltendem Gesetz dürfen sie nicht geheimgehalten werden. In Paragraph 24, Absatz 1, Bundesdatenschutzgesetz heißt es: „Die Übermittlung personenbezogener Daten ist zulässig ... soweit es zur Wahrung berechtigter Interessen ... eines Dritten oder der Allgemeinheit erforderlich ist und dadurch schutzwürdige Belange des Betroffenen nicht beeinträchtigt werden.“ Und weiter in Absatz 2: Es ist „die Übermittlung von listenmäßig oder sonst zusammengefassten Daten über Angehörige einer Personengruppe zulässig, wenn sie sich auf
1. Namen,
2. Titel, akademische Grade,
3. Geburtsdatum,
4. Beruf, Branchen- oder Geschäftsbezeichnung,
5. Anschrift,
6. Rufnummer
beschränkt und kein Grund zu der Annahme besteht, dass dadurch schutzwürdige Belange des Betroffenen beeinträchtigt werden.“[90] Betroffene Personen aber weisen auf Datenschutz, nutzen die Unkenntnis einer Mehrheit aus: mit Erfolg. Dennoch sind die Datenschutzgesetze von zwei Seiten her verstehbar: Was der politischen Macht gegenüber dem Bürger erlaubt ist, ist dem Bürger gegenüber der politischen Macht ebenfalls erlaubt. In Fällen von Informationsvorenthaltung könnte das folgende, in unserer Gesellschaft geltende Prinzip angewandt werden: Es ist alles erlaubt, was das Gesetz nicht verbietet.

Geheimhaltung innerparteilicher Wahlergebnisse ist laut Satzungen der Parteien unzulässig. Doch die Namen aller(!) Parteitagsdelegierten eines

Kreises, Bezirks ... werden einzelnen Delegierten nicht mitgeteilt (trotz Satzung und schriftlicher Anträge). Vorstände und Abgeordnete fürchten, dass sich Delegierte vor innerparteilichen Wahlen untereinander absprechen, sprechen sich selbst aber untereinander ab.

Das Parteiengesetz fordert die Vorstände auf, die Wahlergebnisse selbst zu veröffentlichen.[91] In Paragraph 6, Absatz 3 heißt es, dass dem Bundeswahlleiter innerparteiliche Wahlergebnisse fristgerecht zuzuleiten sind. Wahlergebnisse aber, die jeder kostenfrei anfordern kann, werden verspätet - um Jahre verzögert - dem Wahlleiter zugesandt. Zwar erscheinen Wahlergebnisse in Zeitungen, jedoch unvollständig und zerstreut. Alle Veröffentlichungen haben derzeit keinen innerparteilichen Wert.

Auch wenn Datenschutzgesetze auf Bundes- und Landesebene verändert würden: Hinsichtlich solcher Personen, die in Partei und Parlament führende Funktionen ausüben, wird Datentransfer erlaubt sein müssen! Berechtigte Interessen der Allgemeinheit müssen gewahrt bleiben - zumal schutzwürdige Belange der Betroffenen nicht beeinträchtigt werden. Öffentliches Interesse hat gegenüber privatem eindeutig Vorrang.

11.4. Forderungen, Aufgaben, Ziele

Mit durchsichtigen Parlamentsparteien kann die Gesellschaft gerechter werden. Weil sich Parteien nicht selbst durchsichtig darstellen, ist ein Verein/Verband erforderlich. Die Hauptforderungen seien wiederholt:

- jede Berufsgruppe muss im gesetzgebenden Parlament anteilsgerecht vertreten sein (vier Berufsgruppen)
- jedes Parteimitglied, das ein Abgeordneten-Mandat anstrebt, muss seine Berufsgruppe bekannt geben
- jeder Abgeordnete muss das gesetzgebende Parlament nach einer bestimmten Zeit wieder verlassen (acht Jahre).

Der *funktionelle* Aufbau der Parlamentsparteien muss ebenfalls durchsichtig gemacht werden. Dafür sind die gesetzlichen Grundlagen und Statuten aller Gliederungen zu sammeln, in Computer einzuspeisen und den Parteimitgliedern anzubieten. Auch könnte von der „politischen Partei" ein räumliches *Modell* gefertigt werden - nicht nur für Parteimitglieder, sondern für Bürger/Bürgerinnen der BRD insgesamt.

11.4.1. Parteienhochschule

Parteien leiten Kräfte aus dem Volk in die Staatsführung. Sie sollen den Politiker von morgen bilden, Personen, die das Wichtigste der Gesellschaft - die Gesetze - schreiben bzw. erlassen. Um dies leisten zu können, sollte eine Parteienhochschule eingerichtet werden (Zweig an bestehender Hochschule) mit mindestens zweijähriger Studienzeit, bei voller Absicherung der Studierenden. Die Auswahl sollte unter Mitwirkung des Vereins/ Verbands erfolgen, in dessen Kreisgliederung! Bewährte Personen aus Berufsgruppen, die in Parlamenten nicht vertreten sind, sollten vorrangig zugelassen werden. Die Aussicht auf ein Studium würde einerseits motivieren, andererseits das Berufspolitikertum schwächen, das zum „Beförderungsstau" und zur politischen Verdrossenheit beigetragen hat.

Abgeordnete sollten sich für Gesetze einsetzen, die es jedem erlauben, politische Funktionen zu übernehmen. In kleinen Gruppen sollte man darüber diskutiert. Dem Berufspolitikertum wäre das zwar abträglich: Es entstünde Konkurrenz. Der Karriere des einzelnen Abgeordneten könnte das schaden.

Abgeordnete, die bezahlten Nebentätigkeiten nachgehen, sollten in Partei und Parlament mehr arbeiten. Entwürfe wichtiger Gesetze könnten in den Kreisverbänden vordiskutiert und den Abgeordneten als Empfehlung mitgegeben werden. Die Motivation von Parteimitgliedern würde steigen. Mit elektronischen Medien (Internet ...) könnten Gesetzesentwürfe gut transportiert werden.

11.4.2. Regulative Partei

Aus dem Verein/Verband könnte eine politische Partei hervorwachsen, zwecks Regulation im Gesetzgebungsprozess (regulative Arbeit, biologische Vergleiche/Aspekte, zweites Buch). Sowohl im Parlament als auch in Ausschüssen usw. finden Regulationen statt, nicht nur durch verteilbare Ämter, Gelder, Privilegien. Auf die eine oder andere Weise wird die Gesetzgebung derzeit reguliert (Lobbyismus). Nicht nur deswegen könnten am „Maßstab" des Grundgesetzes bestehende Gesetze auf Gültigkeit hin überprüft werden. Eine Öffentlichkeit, die über Mängel an Gesetzen informiert wäre, würde auf die Volksparteien sicherlich Druck ausüben. Mit einer regulativen Partei, deren Abgeordnete aus allen Berufsgruppen kämen, könnten Bildungsträger angeregt werden. Nicht so sehr Zuwachs an Wählerstimmen, vielmehr politisches Bewusstsein und *ethisch* angemessene Regulation sollten im Vordergrund stehen. Andere als regulative Aufgaben sollten nicht wahrgenommen werden. Andernfalls sollte die Gründung einer regulativen Partei besser unterbleiben! Mit einer regulativen Partei aber könnte der Zufluss öffentlicher Gelder gesichert werden, auch für den Verein/Verband und diesbezüglicher Ideen.

11.4.3. Einführungsseminare

In Städten und Gemeinden sollten Seminare für Kommunalpolitiker eingerichtet werden, um politisches Wissen zu vermitteln und Verwaltungswege durchschaubar zu machen. An keiner Stelle sind Politiker näher beim Bürger als im Gemeindeparlament. Den Bürgern ist noch nie gleichgültig gewesen, wer in den Gemeinden entscheidet. Nur sachkundige Kommunalpolitiker haben die Chance, Verwaltung zu kontrollieren und Initiativen durchzusetzen. Planspiele und Besichtigungen könnten methodische Abwechslung bringen. Überdies sind kommunalpolitische Seminare nicht nur Übungsfelder für sachkundige Mitarbeit in Gemeindeparlamenten. Das politische Bewusstsein insgesamt würde angeregt werden und zur Mitarbeit in allen Parteigliederungen motivieren. Der Kommunalbereich wäre *Beginn,* jedoch *nicht Ende* der politischen Mitarbeit. Praxiserfahrene Kommunalpolitiker könnten die Seminare leiten.

Im Gesetzgebungsprozess arbeiten Abgeordnete mit Beamten der Ministerialbürokratie zusammen, die nicht ohne politische Interessen sind. Für Neuabgeordnete sollten Einführungsseminare eingerichtet werden, wo das Gesetzgebungsverfahren und der Umgang mit der Ministerialbürokratie vermittelt würde (Erfahrung „kopieren", zwecks verzugsfreier und vollwertiger Parlamentsarbeit). Ausscheidende oder bereits ausgeschiedene Abgeordnete aller Parlamentsparteien könnten die Seminare leiten, nach *Lehrplan* und *Lernzielkatalog.* Beim Verband sollte die Kontrolle liegen.

11.4.4. Verbandsarbeit

Der Verein/Verband sollte die weitverbreitete Ämterhäufung ansprechen, sollte fragen, wie sich Mandat und Vorstandsamt vereinen lassen, ob die gleichzeitige Vorstandstätigkeit auf Kreis-, Bezirks-, Landes- oder Bundesebene nachteilig wäre. Abgeordnete, die vom Verein/Verband unterstützt werden, sollten keine bezahlten Beraterverträge, Aufsichts- und Beiratsposten annehmen und auch sonst keine finanziellen oder materiellen Vorteile aus ihrem Mandat ziehen.

Nicht nur kommunale Themen (Bauen, Wohnen usw.) sollte die Parteibasis interessieren. Die sozialen Missstände, die sich am Wohnort zeigen, werden meist durch Gesetze bzw. obere Partei- und Mandatsstrukturen verursacht. Doch in allen Ortsvereinen ist es wohl dasselbe: Die Parteibasis beschäftigt sich - fast ausschließlich - mit örtlichen Themen. Man ist geneigt zu sagen: Die Parteibasis wird von Abgeordneten, die doch greifbar nahe sind, durch in Jahre erlernte Diplomatie (Lenszeitabgeordnete), durch geschickte Rede (nach dem Mund reden), durch „gutes" Auftreten und Aussehen ruhig gestellt.

Der Verein/Verband soll einen Beitrag zur politischen Bildung liefern. Er sollte zu staatlichen Bildungsträgern Kontakte aufnehmen: Politisches Bewusstsein entwickelt sich in Schulen und Berufsschulen. Zu Stellen der Lehrerausbildung sollten Verbindungen bestehen (Referendariat), Politiklehrer sollten Material über Aufbau und Arbeitsweise der Parteien erhalten. Weil daneben die Erwachsenenbildung wichtig ist, sollten die Kreisvereine um eine Zusammenarbeit mit den kommunalen Volkshochschulen bemüht sein. Der gesetzlich geregelte Bildungsurlaub lässt sich ausbauen und nutzen. Als Schwerpunkt der Arbeit muss gelten: Staat, Staatsführung, Aufbau und Arbeitsweise der politischen Parteien.

Der einzelne Kreisverein sollte Gemeinde- und Stadtparlamente ansprechen, in Sachen politischer Bildung stärker als bisher in die Öffentlichkeit zu wirken. Finanzielle Mittel für Seminare, Büchereien usw. werden benötigt. In kleineren Ortschaften fehlen Büchereien, und wo sie vorhanden sind, fehlt neben „Schöngeistigem" und Kinderbüchern die politische Literatur ganz und gar.

Der Verein/Verband sollte zu Gewerkschaften Kontakt aufnehmen; denn Mitglieder der Ersten und Zweiten Berufsgruppe werden dort geschult. Die Vorstellungen von Demokratie sind Forderungen der Arbeitnehmer, liegen im Interesse der Gewerkschaften, die bei der Auswahl fähiger Parlamentskandidaten behilflich sein könnten. Daneben haben auch die Unternehmer politische Anrechte. Jede Gesellschaft braucht freie Unternehmer, deren Interessen auch Arbeitnehmern zugute kommen!

Jede Gesellschaft braucht freie Initiativen. Die Bürgerinitiativen haben Grenzen industriellen Wachstums gezeigt. Die Frauenbewegung hat auf patriarchalische Strukturen gewiesen. Die Friedensbewegung hat Risiken der Aufrüstung betont. Die Gruppen, die sich für Entwicklungsländer einsetzen, haben deutlich gemacht, dass wirtschaftspolitische Strukturen im Verhältnis der Länder untereinander zu Armut und Kriegen beitragen. Der Verein/Verband sollte Bürgerinitiativen und soziale Bewegungen auffordern, mit einem Teil ihrer Kräfte sein Anliegen zu unterstützen.

Die christliche Person wünscht sich ein friedliches Zusammenleben. Doch Spenden für Hungernde allein erfüllen die christliche Pflicht nur zum Teil, besonders dann, wenn Ursachen dafür in Strukturen liegen, die uns selbst ein gesichertes Leben ermöglichen. Diesbezüglich sollte man erkennen, dass sich Nächstenliebe auch an Gesetzen zeigen muss.

Der Verein/Verband sollte *ethische* Werte betonen. „Die unausgeglichene Verteilung von Reichtum und Elend, der Unterschied zwischen entwickelten und nicht entwickelten Ländern fordern eine Angleichung und eine Suche nach Wegen für die gerechte Entwicklung aller.“[92] Ohne Änderung an politischen Strukturen aber kann Angleichung nicht geschehen, werden Armut und Reichtum weiter zunehmen, werden Mensch und Welt noch mehr herunterkommen.

Der Umbau der Gesellschaft verlangt viel von der schöpferischen Intelligenz und Handlungsfähigkeit: das Alte weicht nicht ohne Kampf. Doch was würde sich alles verändern mit einer gerechteren Staatsführung?

Eine gerecht aufgebaute Staatsführung bewirkt: ausgewogenes Recht und Gesetz => annähernd gerechter Staat => annähernd gerechter Gesamtarbeiter, auch gegenüber anderen Gesamtarbeitern - gleich der gerechten Person gegenüber anderen, auch schwächeren Personen (4.1).

Erwünscht ist die kluge und ausgewogene, die gerechte und anständige Person - im Prozess der Erziehung. Dies zielt vorrangig aufs Bewusstsein, auf Gehirn und Gedanken der Person.

Erwünscht ist der kluge und ausgewogene, der gerechte und anständige Gesamtarbeiter - im Prozess der Verbandsarbeit. Dies zielt vorrangig aufs Parlament, auf Staatsführung und Gesetze des Gesamtarbeiters.

Person und Gesamtarbeiter, Gehirn und Staatsführung, Gedanke und Gesetz, Nervensystem und Staat ... sind untereinander vergleichbar.

Die kriminelle Person wird durch Gespräch, Strafe, Therapie behandelt - zwecks Gedankenveränderung. Ihr verwerfliches Handeln ist durch falsche Erziehung, Verwöhnung oder raue Umwelt entstanden. Ihre genetische Anlage darf nicht verändert werden.

Der kriminelle Gesamtarbeiter wird durch Diplomatie, Boykott, Krieg behandelt - zwecks Gesetzesänderung. Sein verwerfliches Handeln ist auf einseitige Erfahrung, auf Machtgier von Personen in der Staatsführung zurückzuführen. Seine „soziale Anlage" (4.6) darf verändert werden.

Kleinste Eingriffe an der „sozialen Anlage" würden Staat und Gesamtarbeiter optimal verändern - analog kleinster Eingriffe an der genetischen Anlage der Person (Prinzip des kleinsten Aufwands bzw. der kleinsten Wirkung).

Der Verein bzw. Verband soll sich für *innerparteiliche* Demokratie und Gleichheit der Rechtssetzung (Gesetzgebung) einsetzen. Er soll dem weichen Wasser in Brechts „Legende ... in die Emigration" ähnlich sein. Dort sprach der Knabe: „Dass das weiche Wasser in Bewegung / Mit der Zeit den mächtigen Stein besiegt./ Du verstehst, das Harte unterliegt."

12. Gegenargumente

Häufig werden die erwähnten Forderungen fadenscheinig zurückgewiesen. Auf die wichtigsten Argumente sei noch eingegangen.

Manchmal wird behauptet, dass führende Politiker nicht ersetzbar seien, dass mit ihrem Ausscheiden wertvolle Erfahrungen verloren gingen. Tatsachen zeigen jedoch: Führende Politiker, die auf natürliche Weise ausscheiden (Tod, Krankheit), werden durch ebenso fähige Personen ersetzt. Die Verweildauer der Abgeordnete sollte daher auf *acht Jahre,* die der amtierenden Landesminister, Landesministerpräsidenten, Bundesminister, Kanzler, Bundespräsidenten und der gewählten Kandidaten der Opposition auf *sechzehn bzw. zwölf Jahre* begrenzt sein.

Weiter wird behauptet, dass bei Verkürzung der Verweildauer die Ministerialbürokratie dem Parlament überlegen werden könnte. Der Beamte aber gehört zur Exekutive, ist an Weisungen des Parlaments gebunden! Würden die im Parlament anfallenden Aufgaben auf die zur Verfügung stehenden Abgeordneten gleichmäßig verteilt werden, ließen sich einseitige, an die Wirtschaft angepasste Interessen kaum durchsetzen. Würden die erwähnten *Einführungsseminare* für Neuparlamentarier eingerichtet werden, könnte die Parlamentsarbeit - ohne Zeitverlust - genutzt und der Umgang mit der Ministerialbürokratie gründlich eingeübt werden!

Wenn man die gesetzgebenden Parlamente anteilsgerecht besetzt, dann könnte die Frage auftauchen, ob sich Personen der Ersten und Zweiten Berufsgruppe als Parlamentarier eignen. Tatsachen zeigen, dass jede Berufsgruppe fehlende Erfahrungen hat, dass Personen, die im Wohlstand leben, nicht notwendig gebildet sind. Der erfolgreiche Besuch einer höheren Lehranstalt, das „gute“ Auftreten, verbunden mit rednerischer Fähigkeit, sind nicht Ausweis genug für eine höhere Leistungsfähigkeit.

Personen der Ersten und Zweiten Berufsgruppe haben für nebenberufliche Politik ungünstige Arbeitsbedingungen! Bei innerparteilichen Wahlen sind viele weggelenkt, wählen unbedacht solche Personen, die der Dritten und Vierten Berufsgruppe angehören. Doch an Tatsachen ist erkennbar, dass jede Berufsgruppe eine große Zahl von Personen hat, die sich als Abgeordnete eignen. Auch sei wiederholt, dass unter 250 Tausend Einwohnern nur zwei Abgeordnete für den Bundestag erforderlich sind.

Man könnte meinen, dass Politik am ehesten durch Parteiarbeit verstanden wird. Eine Parteienhochschule wäre dann überflüssig. In der freien Marktwirtschaft aber würde kein Unternehmer komplizierte Aufgaben an Mitarbeiter delegieren, die nicht gründlich ausgebildet wären. Sich die Kenntnisse während der Berufsarbeit selbst anzueignen, wiederspricht ökonomischen Erwägungen. Sowohl die *Parteienhochschule* als auch die *Einführungsseminare (11.4)* sind erforderlich.

Weiter könnte man behauptet, dass ein ausgewogenes Parlament keine Gerechtigkeit garantiere. Mit Kant (1724-1804) lässt sich antworten, dass die beste Gesellschaft die ist, die selbst aus „Teufeln" bestehend gut funktionieren würde, und zwar nach Gesetzen der Gleichheit und Freiheit. Es ist dieselbe Gesellschaft, die für „Engel" die beste wäre - sie wäre sittlich indifferent, nicht jedoch ihre Herbeiführung. Aus der Mythologie lässt sich das auch herleiten, vom Göttervater Zeus, der Gutes und Böses verkörpert, sprich: titanische Merkmale auch zeigt (5.3).

Man könnte weiter meinen, dass Parteien - ohne Mitwirkung von außen - in der Lage wären, die hier vorgebrachten Forderungen selbst einzulösen. Dem ist entgegenzuhalten, dass nur wenige Personen ihre Partei in Frage stellen. Parteivorstände sind gegen Durchsichtigkeit. Jeder, der in einer Partei arbeitet, weiß um diese Tatsachen. Einzelne, die das Anliegen vortragen, finden kaum Unterstützung. Für Teile gehört es zur Politik, listig und verschlagen zu sein, wichtige Informationen anderen vorzuenthalten. Gefragt sind Personen, die sich der Partei anpassen. Von Parteivorständen werden sie eher nach oben gezogen, denn von der Basis nach oben gehoben. Hinzu kommt, dass innerparteiliche Wahlergebnisse verspätet oder gar nicht nach unten gegeben werden. Es entsteht Undurchsichtigkeit mit den genannten Folgen. Kurz: Man kann das Anliegen den Parteien nicht selbst überlassen! Erforderlich ist ein volksrepräsentativer Verein/Verband, der die Parlamentsparteien durchsichtig macht. Eine *regulative Partei (11.4.2)* könnte ebenfalls helfen.

Viele haben in Bürgerinitiativen gearbeitet, haben demonstriert gegen Aufrüstung, Krieg und Umweltzerstörung. Nur wenige aber wollen weiterarbeiten. - Mächtige Gruppen sitzen an Schalthebeln der Macht, warten günstige Zeiten ab, um ihre Interessen doch noch durchzusetzen: Für sie sind die Bürgerinitiativen eine Last, aber keine Gefährdung *ihrer* Politik.

Natürlich haben die Bürgerinitiativen viel bewegt: Sie haben das Bewusstsein breiter Bevölkerungsgruppen auf Probleme unserer Zeit gelenkt. Die Wurzel des Übels aber haben sie nicht berührt.

13. Kluger Herakles (Herkules)

Nur die Symptome zu bekämpfen, ist der oberflächliche Weg! Aus dem Untergrund wachsen Missstände erneut hervor. Zur Verdeutlichung sei auf den Zeussohn und Halbgott Herakles gewiesen, der die „Oberwelt" von vielen „Ungeheuern" befreite und als Kulturbringer in der hellenistischen Philosophie erscheint.[93]

Uns wurde berichtet, wie Herakles die sich auf Schlimmes verstehende Hydra besiegt, eine im Sumpf lebende Riesenschlange mit neun Köpfen auf ihrem Rumpf, von denen acht sterblich, das in der *Mitte* aber *unsterblich* ist!

Herakles ging der Schlange mutig entgegen, erzwang, dass sie ihren Schlupfwinkel verließ. Zischend kam sie hervor und ihre neun Hälse wankten wie Äste im Sturm. Herakles schlug ihr einzelne Köpfe ab. War jedoch ein Kopf abgeschlagen, wuchsen zwei neue hervor. Herakles nahm eine Fackel, überfuhr die Keimstellen mit Feuer und hinderte sie so, hochzuwachsen. Schließlich drang er zur *Mitte* vor, schlug der Hydra das *unsterbliche* Haupt ab, begrub es unter der Erde und wälzte einen schweren Stein darauf.[94]

Das mythische Bild „Hydra" kann auf die Arbeit der Bürgerinitiativen übertragen werden. Die Hydra verkörpert das Böse der Gesellschaft allgemein, ihre Köpfe die einzelnen Missstände. Wird die Wurzel der Missstände nicht bekämpft (Parlamentszusammensetzung, Parlamentsverweildauer), dann kann das Böse weiterhin bestehen. Herakles erkannt die Wurzel, konnte sie entfernen. Ihrer Unsterblichkeit wegen kann die Wurzel nur unter Kontrolle gebracht werden (schwerer Stein). Warum Herakles überhaupt gegen die Hydra kämpfte, zeigt ein anderes mythisches Bild.

Herakles stand am Scheideweg, überlegte, welche Richtung er wählen sollte. Plötzlich kamen zwei Frauen auf ihn zu. Die erste sprach ihn an: „Ich sehe, dass du unschlüssig bist. Wählst du mich zur Freundin, so sollst du dein Leben genießen: Jede Arbeit sollst du meiden, jede Lust sollst du kosten. Sei nur darauf bedacht, die besten Speisen zu genießen, deine Sinne zu reizen, auf weichen Kissen zu ruhen. Solltest du jemals um die Mittel verlegen sein, so fürchte dich nicht: Meinen Freunden gebe ich das Recht, alles zu benutzen."

Die zweite Frau, die sich zurückgehalten hatte, sprach ihn ebenfalls an: „Die Götter haben bestimmt, dass von allem, was wünschenswert ist, dir nichts ohne Mühe gegeben wird. Willst du, dass die Götter dir gnädig sind, so musst du sie verehren. Willst du, dass die Menschen dich lieben, so musst du ihnen nützlich sein. Willst du im Volk geehrt werden, so musst du ihm Dienste tun. Willst du deinen Körper in der Gewalt haben, so musst du ihn abhärten."

Hier unterbrach die erste Frau die Rede der zweiten: „Siehst du", sprach sie, „wie lang und mühsam dieser Weg ist. Ich hingegen werde dich auf dem kürzesten und bequemsten Pfad zum Glück bringen."

Die zweite Frau erwiderte: „Wie kannst du nur so reden? Du isst, ehe dich hungert, du trinkst, ehe dich dürstest. Im Sommer gehst du umher und suchst nach Schnee! Was das Auge erfreut, ein gelungenes Werk, hast du nie vollbracht. Oh ja, unsterblich bist du, bist dennoch verachtet. Auch ich bin unsterblich, habe Umgang mit denen, die dich verachten. An mir haben die Arbeiter eine treue Wächterin, die Verfolgten eine verlässliche Hilfe. An mir haben die Unterdrückten einen liebreichen Beistand. Ich bin eine redliche Partnerin an den Geschäften des Friedens. Speise, Trank und Schlaf schmeckt meinen Freunden besser als den Schlemmern. Die Alten freuen sich über die Jungen, erinnern ihre eigenen Taten. Selbst am Ende strahlt Glanz aus ihren Augen."[95]

Die Gestalten verschwanden: Herakles erkannte seinen Weg; zum Kämpfer gegen das Böse ist er geworden. In unserer Zeit wird die Person des Herakles (Herkules) einseitig und falsch dargestellt.

14. Nachwort

Kapitalismus und Sozialismus haben sich gegenseitig bekämpft, haben zur Not beigetragen. Zu fordern sind, jenseits dieser Ismen, echte Demokratien, ebenso hierzulande wie im europäischen Verbund. Im Verhältnis der Länder untereinander müssen Strukturen der Ausnutzung verschwinden. Ein Verzicht auf Ausnutzung - von der eigenen Großregion aus - hilft der armen Welt mehr als alles andere! Das sei erneut betont.

Gesellschaften, die den Zerfall sittlicher Normen beklagen, Gewalt jedoch vermarkten, sind kein Vorbild für Entwicklungsländer. Sittliche Normen sind an Geld und Einschaltquoten ermittelt worden. Mitglieder solcher Gesellschaften machen mit Räuberbanden „gute“ Geschäfte, die den Beraubten natürlich Almosen geben: PR sagt man lakonisch.

Im ersten Buch sind naturphilosophische Entwicklungslinien erörtert worden, von der Antike bis zur Gegenwart. Schritt für Schritt sind sie zusammengeflossen: im „unanschaulichen Dritten“ vereint, gemäß dem *Hegel*schen Satz: These - Antithese => Synthese.

Im zweiten Buch ist der gestufte Aufbau der Welt beschrieben worden, vom Anorganischen bis zum Menschen. Auf den verschiedenen Stufen herrschen *natürliche* Gesetze, wobei das höhere die niederen in sich trägt (natürliche Gesetzeseinheit). So gesehen wird der Mensch nicht nur ethisch, sondern auch biologisch und physikalisch bestimmt. Die Begriffe der Gleichheit, Freiheit, Solidarität sind darauf bezogen und einem *Rechtsprinzip* zugeordnet worden, das zur menschlichen Vernunft gehört und von *naturgesetzlicher* Art ist. Erst im dritten, hier vorliegenden Buch erscheint der Gesamtarbeiter als Leitfigur. Auf die Aufgabe wird mit ihm gewiesen, auf „Die Aufgabe: Zum sittlichen Recht“! Entwicklung von Recht und Gerechtigkeit ist mein vorrangiges Anliegen geworden.

Entwicklung, die im Ausland ansetzt, habe ich im vierten Buch behandelt (Afrika), wo ein wichtiges Anliegen des dritten Buches aufgegriffen und anhand vieler Bilder dargelegt worden ist - für jedermann verständlich! Motiv und Wege meines Handelns sind im fünften Buch dargelegt worden („Wurzel“ aller Schriften). Das sechste Buch ist ein Ausschnitt des fünften; das siebente eine *notwendige(!)* Ergänzung des fünften und sechsten. Mit dem achten Buch ist das dritte Kapitel des zweiten Buches neu bearbeitet worden (zweiter Beitrag des dreistelligen Modellsystems). Mit dem neunten Buch habe ich das „Geschehen am Waldsee“ endlich entschlüsseln können.

Während der Arbeit am achten Buch habe ich das *primäre Prinzip* tiefer verstanden und als *Prinzip der kleinsten Wirkung* identifiziert, das stets komplementär auftritt (Strategie-Ziel). Von der *Strategie* her heißt es Prinzip des kleinsten Aufwands, vom *Ziel* her Prinzip des kleinsten Zwangs bzw. Widerstands. Wegen seines natürlichen und universellen Charakters ist es auf das dritte und vierte Buch bezogen worden - als *neues Paradigma* auch für Ethik, Politik bzw. Parteiarbeit. Die Ethik gehört - begrenzt - zur Naturwissenschaft.

Mit dem Prinzip der kleinsten Wirkung ist das „Modellsystem der realen Welt“ in sich schlüssig geworden (s. Graph S. 92). Dem Gesetz allgemein ist es zugeordnet worden. Der letzte Satz des ersten Buches lautet: „Das Gesetz allgemein, das begreifbar ist, soll gewissermaßen *primäres Prinzip* sein (was in folgenden Büchern berücksichtigt wird).“

Mir ist die Erkenntnis gewachsen, dass es ein weitreichendes Medium gibt: die Politik, deren Aufgabe darin besteht, das „Gesetz allgemein“ fortzuentwickeln, nicht ohne Staat, sondern mit Staat. Dafür muss die Staatsführung *repräsentativ* aufgebaut werden!

Erfahrungen lehren, dass die Menschen erst dann friedvoll miteinander leben, wenn sie untereinander Solidarität üben. Solidarität meint füreinander da sein, sich gegenseitig helfen, sich für Gleichheit und Freiheit einsetzen. Sie zeigt sich als innerlich freimachende Gesinnung, die nach außen wirkt und untereinander verbindet. Die solidarische Gesinnung ist niemals erzwingbar. Sie tritt verschieden und in unterschiedlicher Stärke auf. In religiöser Ausprägung ist sie Liebe zur Wahrheit, zu Gott und den Mitmenschen, wobei Liebe geleitet wäre - durch Gebot und Heiligen Geist (Reich Gottes im Herzen und mitten unter uns).

Wie im Vorwort (Entwürfe) sei noch gesagt, dass ich nichts geschrieben habe, was dem Gemeinwohl und den guten Sitten schadet. Ich bin ein Mensch und habe auch irren können. Doch ich habe mich um Wahrheit bemüht, habe geschrieben, wie der „Gedanke“ es befahl (fünftes Buch, 1.5). Zweiseitig sollten wir handeln: zu besten Ergebnissen mit kleinstem Aufwand gelangen. Biologische Kenntnisse sind ins Handlungskonzept eingeflossen. Ich bitte Sie, es redlich zu prüfen.

Dreistelliges Modellsystem (Subjekt - Modell - Objekt)

Die Kreise meinen die Bücher des Autors, die zusammen eine Einheit bilden und in sich schlüssig sind (Kreisgröße und Seitenzahl stehen in keiner Beziehung zueinander). Nur die Bücher 1, 2, 3, 4/10, 8/9 kennzeichnen das Modellsystem. Die Bücher 5, 6, 7 sind von religiöser Art, dem Modellsystem sind sie aber verhaftet.

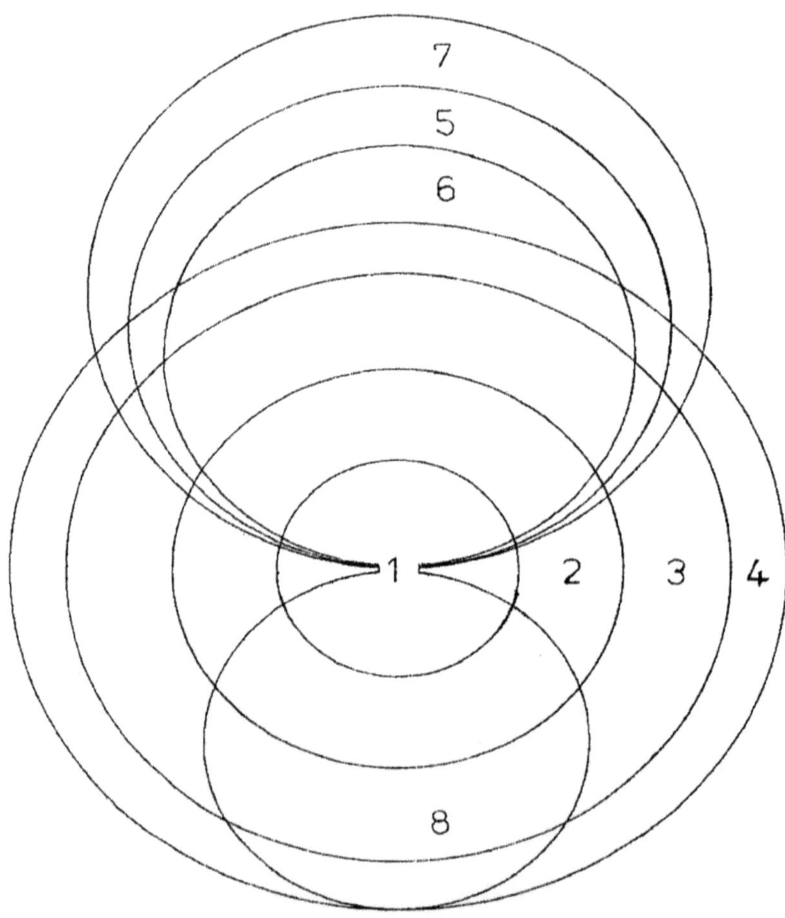

Die Bücher 1 bis 10 könnten *zweibändig* herausgegeben werden. Titel: „Vom Symbol der Bosheit zum Bewusstsein sittlicher Freiheit". Reihenfolge: 5 - 7 - 9 - 1 - 2 - 3 - 4 - 10 (das 8. Buch ist im 2. enthalten; das 6. Buch ist im 5. enthalten; das 10. Buch ersetzt die Statuten im 3. und 4.; die Seitenziffern eines jeden Buches sollten nicht verändert werden).

Das 9.* Buch (erw. Ausgabe) enthält Gedichte und Anmerkungen des Autors.

ANHANG:

Allgemeine Statuten

des

Vereins/Verbands durchsichtige Parteien

Grundsatzprogramm[96]

Satzung

Geschäftsordnung

I. Grundsatzprogramm des ... (s. zehntes Buch)

II. Satzung des ... Kreisvereins durchsichtige Parteien (e.V.)

III. Geschäftsordnung des ... Kreisvereins durchsichtige Parteien (e.V.)

II. Satzung des . . .
Vereins durchsichtige Parteien

§ 1 NAME, SITZ, GESCHÄFTSJAHR, AUFBAU

§ 1 Nr. 1 Der Verein führt den Namen „Harburger Kreisverein durchsichtige Parteien e. V.", mit der Abkürzung VdP e. V. Er ist in das Vereinsregister beim Amtsgericht Tostedt unter der Nr. 1478-8, VR 1323 eingetragen und beantragt den Status „gemeinnütziger Verein".

§ 1 Nr. 2 Der Verein wurde am 31. August 1989 errichtet. Sein Sitz ist Buchholz in der Nordheide.

§ 1 Nr. 3 Der Verein ist politisch, rassistisch und konfessionell neutral.

§ 1 Nr. 4 Das Geschäftsjahr des Vereins ist das Kalenderjahr.

§ 1 Nr. 5 Der Verein verfolgt ausschließlich und unmittelbar gemeinnützige Zwecke im Sinne des Abschnitts „Steuerbegünstigte Zwecke" der Abgabenordnung.

*

Aufbau des Vereins (vom Verein zum Verband)

§ 1 Nr. 6 Der Verein soll neben den noch zu gründenden gleichrangigen Kreisvereinen im Regierungsbezirk Lüneburg zur untergeordneten Gliederung des noch zu gründenden „LÜNEBURGER BEZIRKSVERBANDS DURCHSICHTIGE PARTEIEN" gehören, der wiederum neben den noch zu gründenden gleichrangigen Bezirksverbänden zur untergeordneten Gliederung des noch zu gründenden „NIEDERSÄCHSISCHEN LANDESVERBANDS DURCHSICHTIGE PARTEIEN" gehören soll. Dasselbe soll für die anderen Landesverbände gelten, die gleichrangig die untergeordneten Gliederungen des noch zu gründenden „BUNDESVERBANDS DURCHSICHTIGE PARTEIEN" darstellen sollen.

§ 1 Nr. 7 Die Satzungen und Geschäftsordnungen der je gleichrangigen VEREINE/VERBÄNDE eines Bundeslandes sollen nicht voneinander abweichen. Das Grundsatzprogramm soll für alle Vereine/Verbände einheitlich gelten.

§ 1 Nr. 8 Der Verein/Verband soll dem „Schnitt" durch die berufstätige Bevölkerung entsprechen. Das heißt, in jedem Verein/Verband soll das Berufsprofil seiner Mitglieder mit dem der Gesamtbevölkerung etwa übereinstimmen (siehe § 3 Buchstabe c).

§ 1 Nr. 9 Die Zusammensetzung des Vereins/Verbands soll von gewählten Kontrollkommissionen jährlich überprüft werden.

*

§ 2 ZWECK, AUFGABE, ZIEL

§ 2 Nr. 1 Die gesetzgebenden Parlamente sind kein „Schnitt" durch die berufstätige Bevölkerung: beruflich sind sie einseitig aufgebaut. Laut Grundgesetz (GG) gilt das Gleichheitsprinzip, das neben der Gleichheit der Rechtsanwendung auch die Gleichheit der Rechtssetzung (Gleichheit der Gesetzgebung) fordert, was mangelhaft eingelöst worden ist. Gewiesen sei diesbezüglich auf die Artikel 1(3); 3 GG, aus denen der Zweck des Vereins sich herleitet.

§ 2 Nr. 2 Insbesondere soll die Gleichheit der Gesetzgebung gefördert werden, was sich über politische Parteien verwirklichen lässt: Die Mängel der Gesetzgebung sind die Mängel der politischen Parteien!

§ 2 Nr. 3 Zweck des Vereins ist die Förderung von innerparteilicher Demokratie und politischer Bildung allgemein.

Der Satzungszweck wird verwirklicht:

a) Die politischen Parteien werden sowohl funktionell als auch personell durchsichtig dargestellt - insbesondere die Parlamentsparteien. Dazu gehören zum einen die Statuten der Parteien sowie die rechtlichen Grundlagen, auf denen das politische System der BRD aufgebaut ist,

b) zum anderen gehören dazu die vollständigen Daten über Amt und Mandat der von Parteien gewählten Personen sowie die personenbezogenen Daten dieser Personen, soweit das „Bundesdatenschutzgesetz", das voll auszuschöpfen ist, dies erlaubt,

c) die Rechtsgrundlagen und Arbeitsweisen der politischen Parteien werden vereinfacht dargestellt und der politisch interessierten Öffentlichkeit dargeboten,

d) der funktionelle und personelle Aufbau der politischen Partei und insbesondere die Wichtigkeit der Delegiertenwahl werden den Parteimitgliedern deutlich vor Augen geführt,

e) die sich ändernden Informationen über Aufbau und Arbeitsweise der Parlamentsparteien werden vom Verein gesammelt, nach einheitlichem Schema geordnet und den Parteimitgliedern sowie der politisch interessierten Öffentlichkeit dargeboten (gemäß Datenschutzgesetz),

f) Zweck, Aufgabe, Ziel der Vereinsarbeit sind von formaler und parteiübergreifender Art. Während der Vereinsarbeit dürfen parteipolitische Inhalte nicht berührt werden!

§ 2 Nr. 4 Der Verein ist selbstlos tätig; er verfolgt nicht in erster Linie eigenwirtschaftliche Zwecke.

§ 2 Nr. 5 Mittel des Vereins dürfen nur für die satzungsgemäßen Zwecke verwendet werden. Die Mitglieder erhalten keine Zuwendungen aus Mitteln des Vereins.

§ 2 Nr. 6 Es darf keine Person durch Ausgaben, die dem Zweck der Körperschaft fremd sind oder durch unverhältnismäßig hohe Vergütungen begünstigt werden.

§ 2 Nr. 7 Ehrenamtlich tätige Personen haben nur Anspruch auf Ersatz nachgewiesener Auslagen.

Zu § 1 Nr. 6 bis 9 (vom Verein zum Verband)

Zweck, Aufgabe, Ziel des Vereins/Verbands sind die Förderung von innerparteilicher Demokratie und politischer Bildung allgemein.

Der Satzungszweck soll langfristig verwirklicht werden:

a) Die Partei- und Ministerämter sollen von den Parlamentsmandaten weitgehend getrennt sein,

b) die Verweildauer der Abgeordneten in den gesetzgebenden Parlamenten soll in der Regel auf zwei Legislaturperioden (8 Jahre) begrenzt sein. Für amtierende Landesminister, Landesministerpräsidenten, Bundesminister, Kanzler und Bundespräsidenten sowie für die gleichgroße Zahl der dafür gewählten Kandidaten der Oppositionsparteien soll die Verweildauer höchstens insgesamt vier Legislaturperioden (16 Jahre) betragen,

c) wesentliches Auswahlkriterium für alle Amts- und Mandatskandidaten soll deren Erwerbsarbeit bzw. Berufsgruppenzugehörigkeit vor Amts- bzw. Mandatsantritt sein,

d) in den gesetzgebenden Parlamenten sollen Abgeordnete aus allen Berufsgruppen der Bevölkerung - nach etwa denselben Prozentanteilen wie in der Bevölkerung - vertreten sein (bei etwa gleichstarker Verteilung der Geschlechter). Entsprechend sollen auch die Parteiämter besetzt werden. Die Berufsgruppenaufteilung soll dem Tarifklassensystem des Öffentlichen Dienstes angepasst sein (vier Tarifklassen),

e) der Fraktionszwang, der entgegen Art. 38 Grundgesetz praktiziert wird, soll thematisiert und zurückgedrängt werden, ebenso der Lobbyismus.

Das Vereins-/Verbandsziel soll langfristig verwirklicht werden:

a) durch standardisierte und miteinander verbundene Vereinsbüros, in denen nach standardisierter Problemstellung und computergestützt gearbeitet wird,

b) durch Kontakt und Zusammenarbeit mit den Parlamentsparteien, aber auch mit anderen politisch-demokratischen Vereinigungen und Trägern politischer Bildung,

c) durch Empfehlungen formaler Art an die Parteimitglieder bei der Wahl von Delegierten, Parteiamtsträgern und Mandatskandidaten,

d) durch Beratung und Unterstützung von gewünschten Parteiamtsträgern und Mandatskandidaten,

e) durch Publikationen über den jeweiligen personellen Aufbau der gesetzgebenden Parlamente und Parlamentsparteien sowie deren Arbeitsweisen (Ethos-Verlag),

f) durch Angebot und Durchführung von Seminaren zur politischen Bildung,

g) durch Forderung und Einrichtung einer vom Staat zu finanzierenden Parteienhochschule für fähige und sich verdientgemachte Parteimitglieder (mit mindestens zweijähriger Studienzeit bei voller beruflicher und finanzieller Absicherung),

h) durch Forderung und Einrichtung von lehrplan- und lernzielbezogenen Einführungsseminaren für die neu ins Parlament eintretenden Abgeordneten (zwecks verzugsfreier Parlamentsarbeit und erfolgreicher Zusammenarbeit mit der Ministerialbürokratie).

Die Vereins-/Verbandsarbeit richtet sich insbesondere:

a) gegen eine zunehmende Vereinigung von Parteiamt und Parlamentsmandat,

b) gegen eine überlange Verweildauer der Abgeordneten in den gesetzgebenden Parlamenten (Lebenszeitabgeordnete),

c) gegen einen einseitigen Aufbau der gesetzgebenden Parlamente - hinsichtlich aller Berufsgruppen der Bevölkerung (vier Berufsgruppen),

d) gegen den praktizierten Fraktionszwang und Lobbyismus!

Der Verein/Verband soll zweiseitig arbeiten:

a) Neben der politischen Arbeit in der BRD sollen Entwicklungsprojekte in armen Ländern gefördert werden (vor allem in Afrika). Diese Entwicklungsarbeit soll möglichst über gemeinnützige Organisationen laufen, die schon länger in Entwicklungsländern arbeiten, z. B. Brot für die Welt (protestantisch), Misereor (katholisch), terre des hommes (kirchenunabhängig).

§ 3 Erwerb der Mitgliedschaft

a) Jede natürliche und juristische Person kann Mitglied des Vereins werden, jedoch unter Vorbehalten,

b) als Mitglied kann aufgenommen werden, wer sich zum Zweck, zur Aufgabe und zum Ziel des Vereins bekennt und wer zur Mitarbeit und Übernahme von Verantwortung im Verein bereit ist,

c) die Aufnahme in den Verein richtet sich nach dem Berufsprofil der gesamten Bevölkerung (siehe § 1 Nr. 8; § 2 Nr. 1; § 2 Nr. 3, Buchstabe f),

d) Anträge zur Aufnahme sind schriftlich an den Vorstand des Vereins zu richten, der über die Aufnahme mit einfacher Stimmenmehrheit der Vorstandsmitglieder entscheidet,

e) Mitglied ist nur, wer am Sitz des Vereins gemeldet ist.

§ 4 Rechte des Mitgliedes

Das Mitglied ist berechtigt:

a) als Parteimitglieder in zugelassenen politischen Parteien zu arbeiten,

b) das aktive und passive Wahlrecht zu praktizieren,

c) an Veranstaltungen und Bildungsangeboten des Vereins teilzunehmen,

d) Einrichtungen des Vereins zu nutzen.

§ 5 Pflichten des Mitgliedes

Das Mitglied ist verpflichtet:

a) sich für Demokratie und innerparteiliche Demokratie einzusetzen,

b) das Leben des Vereins mitzutragen, sich für Zweck, Aufgabe, Ziel des Vereins einzusetzen und diese zu fördern,

c) sich während der Vereinsarbeit neutral und formal zu verhalten, *d. h. parteipolitische Inhalte nicht zu berühren!*

§ 6 Beendigung der Mitgliedschaft

Die Mitgliedschaft endet:

a) mit dem Tod des Mitglieds,
b) durch freiwilligen Austritt,
c) durch Streichung von der Mitgliederliste,
d) durch Ausschluss aus dem Verein.

Der freiwillige Austritt erfolgt durch schriftliche Erklärung gegenüber einem Mitglied des Vorstands. Er ist nur zum Schluss eines Kalenderjahres unter Einhaltung einer Kündigungsfrist von drei Monaten zulässig.

Ein Mitglied kann durch Beschluss des Vorstands von der Mitgliederliste gestrichen werden, wenn es trotz zweimaliger Mahnung mit der Zahlung des Beitrags im Rückstand ist. Die Streichung ist dem Mitglied schriftlich mitzuteilen.

Ein Mitglied kann, wenn es seine Pflichten nicht befolgt hat (insbesondere § 5, Buchstabe c), durch Beschluss der Mitgliederversammlung aus dem Verein ausgeschlossen werden. Vor der Beschlussfassung ist dem Mitglied Gelegenheit zu geben, sich persönlich zu rechtfertigen. Eine etwaige schriftliche Stellungnahme des Betroffenen ist in der Mitgliederversammlung zu verlesen.

§ 7 Mitgliedsbeiträge

Von den Mitgliedern werden Beiträge erhoben. Die Höhe des Jahresbeitrages und dessen Fälligkeit werden von der Mitgliederversammlung bestimmt.

Ehrenmitglieder sind von der Beitragspflicht befreit.

§ 8 Die Organe

Vereinsorgane sind:

a) der Vorstand,
b) die Mitgliederversammlung,
c) der Ethos-Verlag.

§ 9 Der Vorstand

Der Vorstand i. S. d. § 26 BGB besteht aus:

a) dem 1. Vorsitzenden,
b) dem 2. Vorsitzenden,
c) dem Schriftführer,
d) dem Kassenwart.

Der Verein wird gerichtlich und außergerichtlich jeweils durch zwei Mitglieder des Vorstandes gemeinschaftlich vertreten.

Die Vereinigung mehrerer Vorstandsämter in einer Person ist unzulässig.

§ 10 Amtsdauer des Vorstands

Der Vorstand wird von der Mitgliederversammlung auf die Dauer von zwei Jahren, vom Tage der Wahl an gerechnet, gewählt. Er bleibt jedoch bis zur Neuwahl des Vorstandes im Amt. Die Mitglieder des alten Vorstandes können wiedergewählt werden.

Scheidet ein Mitglied des Vorstandes während der Amtsperiode aus, so wählt der Vorstand ein Ersatzmitglied (aus den Reihen der Vereinsmitglieder) für die restliche Amtsdauer des Ausgeschiedenen.

§ 11 Beschlussfassung des Vorstands

Der Vorstand fasst seine Beschlüsse im Allgemeinen in Vorstandssitzungen, die vom 1. Vorsitzenden oder vom 2. Vorsitzenden schriftlich, fernmündlich oder telegrafisch einberufen werden. In jedem Fall ist eine Einberufungsfrist von drei Tagen einzuhalten. Einer Mitteilung der Tagesordnung bedarf es nicht. Der Vorstand ist beschlussfähig, wenn mindestens zwei Vorstandsmitglieder, darunter der 1. Vorsitzende oder der 2. Vorsitzende, anwesend sind. Bei Beschlussfassung entscheidet die Mehrheit der abgegebenen gültigen Stimmen. Bei Stimmengleichheit entscheidet die Stimme des Leiters der Vorstandssitzung.

Die Vorstandssitzung leitet der 1. Vorsitzende, bei dessen Abwesenheit der 2. Vorsitzende. Die Beschlüsse des Vorstands sind zu Beweiszwecken zu protokollieren und vom Sitzungsleiter zu unterschreiben.

Ein Vorstandsbeschluss kann auf schriftlichem Wege oder fernmündlich gefasst werden, wenn alle Vorstandsmitglieder ihre Zustimmung zu der zu beschließenden Regelung erklären.

§ 12 Die Mitgliederversammlung

In der Mitgliederversammlung hat jedes anwesende Mitglied - auch jedes Ehrenmitglied - eine Stimme.

Die Mitgliederversammlung ist insbesondere für folgende Angelegenheiten zuständig:

a) Entgegennahme des Jahresberichtes des Vorstandes; Entlastung des Vorstandes,

b) Festsetzung der Höhe und der Fälligkeit des Jahresbeitrages,

c) Wahl und Abberufung der Mitglieder des Vorstandes,

d) Beschlussfassung über die Änderung der Satzung und über die Auflösung des Vereins,

e) Ernennung von Ehrenmitgliedern.

§ 13 Die Einberufung der Mitgliederversammlung

Mindestens einmal im Jahr, möglichst im letzten Quartal, soll die ordentliche Mitgliederversammlung stattfinden. Sie wird vom Vorstand unter Einhaltung einer Frist von zwei Wochen durch schriftliche Benachrichtigung unter Angabe der Tagesordnung einberufen. Die Frist beginnt mit dem auf die Absendung der Einladung folgenden Werktages. Das Einladungsschreiben gilt als dem Mitglied zugegangen, wenn es an die letzte vom Mitglied dem Verein schriftlich bekannt gegebene Adresse gerichtet ist. Die Tagesordnung setzt der Vorstand fest.

§ 14 Die Beschlussfassung der Mitgliederversammlung

Die Mitgliederversammlung wird vom 1. Vorsitzenden, bei dessen Verhinderung vom 2. Vorsitzenden oder einem anderen Vorstandsmitglied geleitet. Ist kein Vorstandsmitglied anwesend, bestimmt die Versammlung einen Leiter.

Das Protokoll wird vom Schriftführer geführt. Ist dieser nicht anwesend, bestimmt der Versammlungsleiter einen Protokollführer.

Die Art der Abstimmung bestimmt der Versammlungsleiter. Die Abstimmung muss schriftlich durchgeführt werden, wenn ein Drittel der bei der Abstimmung anwesenden stimmberechtigten Mitglieder dies beantragt.

Die Mitgliederversammlung ist nicht öffentlich. Der Versammlungsleiter kann Gäste zulassen. Über die Zulassung der Presse, des Rundfunks und des Fernsehens beschließt die Mitgliederversammlung.

Jede ordnungsgemäß einberufene Mitgliederversammlung ist unabhängig von der Zahl der Erschienenen beschlussfähig.

Die Mitgliederversammlung fasst Beschlüsse im Allgemeinen mit einfacher Mehrheit der abgegebenen gültigen Stimmen; Stimmenthaltungen bleiben daher außer Betracht. Zur Änderung der Satzung (einschließlich des Vereinszweckes) ist jedoch eine Mehrheit von drei Viertel der abgegebenen gültigen Stimmen, zur Auflösung des Vereins eine solche von vier Fünftel erforderlich.

Für die Wahlen gilt Folgendes: Hat im ersten Wahlgang kein Kandidat die Mehrheit der abgegebenen gültigen Stimmen erreicht, findet eine Stichwahl zwischen den Kandidaten statt, welche die beiden höchsten Stimmzahlen erreicht haben.

Über die Beschlüsse der Mitgliederversammlung ist ein Protokoll aufzunehmen, das vom jeweiligen Versammlungsleiter und dem Protokollführer zu unterzeichnen ist. Es soll folgende Feststellungen enthalten: Ort und Zeit der Versammlung, die Person des Versammlungsleiters und des Protokollführers, die Zahl der erschienenen Mitglieder, die Tagesordnung, die einzelnen Abstimmungsergebnisse und die Art der Abstimmung. Bei Satzungsänderungen ist die zu ändernde Bestimmung anzugeben.

§ 15 Nachträgliche Anträge zur Tagesordnung

Jedes Mitglied kann bis spätestens eine Woche vor dem Tag der Mitgliederversammlung beim Vorstand schriftlich beantragen, dass weitere Angelegenheiten nachträglich auf die Tagesordnung gesetzt werden. Der Versammlungsleiter hat zu Beginn der Mitgliederversammlung die Tagesordnung entsprechend zu ergänzen. Über die Anträge auf Ergänzung der Tagesordnung, die erst in der Mitgliederversammlung gestellt werden, beschließt die Mitgliederversammlung. Zur Annahme des Antrages ist eine Mehrheit von drei Viertel der abgegebenen gültigen Stimmen erforderlich. Satzungsänderungen, die Auflösung des Vereins sowie die Wahl und Abberufung von Vorstandsmitgliedern können nur beschlossen werden, wenn die Anträge den Mitgliedern mit der Tagesordnung angekündigt worden sind.

§ 16 Außerordentliche Mitgliederversammlung

Der Vorstand kann jederzeit eine außerordentliche Mitgliederversammlung einberufen. Diese muss einberufen werden, wenn das Interesse des Vereins es erfordert oder wenn die Einberufung von einem Zehntel aller Mitglieder schriftlich unter Angabe des Zwecks und der Gründe vom Vorstand verlangt wird. Für die außerordentliche Mitgliederversammlung gelten die §§ 12, 13, 14 und 15 entsprechend.

§ 17 Der Verlag des Vereins (Ethos-Verlag)

Der Ethos-Verlag ist gemeinnützig, jedoch geschäftlich unabhängig und eigenständig. Er hat die Gründung des Vereins ermöglicht und soll den Verein weiter unterstützen, hin zu einem Verband. Er vertritt und bewahrt den Zweck und die Aufgabe des Vereins/Verbands, auch wenn diese aufgelöst worden sind.

Mögliche Gewinne, die vom Ethos-Verlag erwirtschaftet worden sind, sollen weiterhin gemeinnützig verwendet werden, unterliegen aber nicht der Auflösungsvorschrift des Vereins (dem § 18).

§ 18 Auflösung des Vereins und Anfallberechtigung

§ 18 Nr. 1 Die Auflösung des Vereins kann nur in einer Mitgliederversammlung mit der im § 14 festgelegten Stimmenmehrheit beschlossen werden. Sofern die Mitgliederversammlung nichts anderes beschließt, sind der 1. Vorsitzende und der 2. Vorsitzende gemeinsam vertretungsberechtigte Liquidatoren. Die vorstehenden Vorschriften gelten entsprechend für den Fall, dass der Verein aus einem anderen Grund aufgelöst wird oder seine Rechtsfähigkeit verliert.

§ 18 Nr. 2 Bei Auflösung des Vereins oder bei Wegfall steuerbegünstigter Zecke fällt das Vermögen des Vereins (ohne das des Ethos-Verlags) an das Hospiz in Buchholz in der Nordheide, das es unmittelbar und ausschließlich für gemeinnützige, mildtätige oder kirchliche Zwecke zu verwenden hat.

Die vorstehende Satzung wurde in der Mitgliederversammlung (bzw. Gründungsversammlung) vom verabschiedet bzw. errichtet.

Buchholz i. d. N., den

(bei Gründung mindestens sieben Unterschriften)

III. Geschäftsordnung des . . . Vereins durchsichtige Parteien

§ 1 Einberufung

(1) Der Vorstandsleiter beruft gemäß Satzung die Mitgliederversammlungen und Vorstandssitzungen ein, im Fall seiner Verhinderung der vom Vorstand dazu benannte Vertreter.

(2) Der Ladung sind die Tagesordnung, etwaige Erläuterungen und vorliegende Anträge beizufügen. Erläuterungen und Anträge können gemäß Satzung vor der Mitgliederversammlung oder Vorstandssitzung nachgereicht werden.

§ 2 Mitgliederversammlung und Vorstandssitzung

(1) Der regelmäßige Verlauf ist folgender:

a) Eröffnung der Versammlung oder Sitzung,

b) Feststellung der ordnungsgemäßen Ladung und Anwesenheit der Vorstandsmitglieder; fehlende Vorstandsmitglieder sind namentlich bekanntzugeben; dabei ist festzustellen, ob sie entschuldigt oder unentschuldigt ferngeblieben sind,

c) Feststellung der Beschlussfähigkeit,

d) Feststellung der Tagesordnung,

e) Genehmigung der Niederschrift der letzten Mitgliederversammlung oder Vorstandssitzung,

f) Bekanntgabe wichtiger Mitteilungen aus anderen Vereinen oder Verbandsgliederungen und ggf. Beratung und Beschlussfassung hierüber,

g) Entgegennahme von Fach- und Rechenschaftsberichten,

h) Behandlung von Anträgen, einschließlich etwaiger Dringlichkeitsanträgen,

i) Behandlung von Anfragen und Anregungen,

j) Schließung der Mitgliederversammlung oder Vorstandssitzung.

(2) Die Beschlüsse der Mitgliederversammlung oder Vorstandssitzung sind bis zum Ende der Mitgliederversammlung oder Vorstandssitzung schriftlich festzulegen. Wird kein Widerspruch erhoben, so sind die entsprechenden Personen ermächtigt, die gefassten Beschlüsse unverzüglich auszuführen.

§ 3 Sachanträge

(1) Anträge auf Behandlung einzelner Gegenstände durch die Mitgliederversammlung oder den Vorstand sind schriftlich zu stellen.

(2) Anträge können nur auf die Tagesordnung gesetzt werden, wenn sie mindestens eine Woche vor der Mitgliederversammlung bzw. der Vorstandssitzung dem Vorstandsleiter zugeschickt wurden. Während der Mitgliederversammlung oder Vorstandssitzung können Zusatzanträge gestellt werden - gemäß Satzung.

(3) Der Vorstandsleiter kann verlangen, dass mündlich gestellte Anträge schriftlich vorgelegt werden. Hält der Vorstandsleiter einen Antrag für unzulässig, so kann er vorweg über die Zulässigkeit abstimmen lassen.

§ 4 Dringlichkeitsanträge

(1) Dringlichkeitsanträge müssen vor Eintritt in die Tagesordnung gestellt werden. Wird die Dringlichkeit des Antrages anerkannt, so ist der Antrag auf die Tagesordnung zu setzen.

§ 5 Anträge zur Geschäftsordnung

(1) Jedes Mitglied oder Vorstandsmitglied kann während der Mitgliederversammlung bzw. Vorstandssitzung Anträge zur Geschäftsordnung stellen. Hierzu gehören insbesondere Anträge auf

a) Schluss der Debatte,

b) Schluss der Rednerliste,

c) Vertagung,

d) Verweisung an eine Arbeitsgruppe,

e) Unterbrechung der Sitzung,

f) Absetzung von der Tagesordnung.

(2) Auf einen Antrag zur Geschäftsordnung gibt der Vorstandsleiter dem Antragsteller das Wort zur Begründung. Nachdem ein zweiter Redner gegen den Antrag zu sprechen Gelegenheit hatte, wird über den Antrag abgestimmt.

(3) Anträge auf Schluss der Debatte können nur von Mitgliedern gestellt werden, die zu dem Punkt, für den der Schlussantrag gestellt ist, noch nicht gesprochen haben.

§ 6 Zurücknahme von Anträgen

(1) Anträge können bis zur Abstimmung vom Antragsteller jederzeit zurückgenommen werden.

§ 7 Redeordnung

(1) Reden soll nur, wer das Wort vom Vorstandsleiter erhalten hat. Wortmeldungen erfolgen durch Handaufheben. Der Vorstandsleiter erteilt das Wort in der Reihenfolge der Wortmeldungen, bei gleichzeitiger Wortmeldung nach pflichtgemäßem Ermessen.

(2) Bei Wortmeldungen „Zur Geschäftsordnung“ ist das Wort außerhalb der Reihenfolge zu erteilen, sobald der jeweilige Redner seine Ausführungen beendet hat.

(3) Will der Vorstandssprecher selbst zur Sache sprechen, so hat er auf Verlangen seinem Stellvertreter den Vorsitz zu übergeben.

(4) Antragstellern und Fachberichtserstattern ist auf Verlangen am Schluss der Beratung das Wort zu erteilen.

(5) Jedes Mitglied sollte zu jedem Tagesordnungspunkt höchstens zweimal sprechen. Darüber hinaus ist das Wort zu erteilen:

a) bei Wortmeldungen „Zur Geschäftsordnung",

b) zur persönlichen Erwiderung oder Erklärung.

(6) Persönliche Erklärungen sind nur am Schluss der Debatte oder einer Abstimmung zulässig.

(7) Die Redezeit beträgt - außer bei Berichterstattungen - höchstens fünf Minuten.

(8) Der Vorstandssprecher hat das Recht, einem Redner das Wort zu entziehen, und zwar insbesondere dann, wenn dieser gegen die Geschäftsordnung verstößt.

§ 8 Beratung

(1) Während der Beratung eines Antrages sind nur folgende Anträge zulässig:

a) Anträge zur Geschäftsordnung,

b) Änderungsanträge,

c) Zurücknahme von Anträgen.

§ 9 Abstimmungen

(1) Abgestimmt wird, nachdem der Vorstandsleiter die Beratung für beendet erklärt hat. Während einer Abstimmung können keine weiteren Anträge gestellt werden. Vor der Abstimmung ist der Antrag im Wortlaut zu verlesen. Der Vorstandsleiter entscheidet über die Reihenfolge der Abstimmung bei mehreren Anträgen zum gleichen Gegenstand, wobei in der Regel über den weitergehenden Antrag zuerst abgestimmt werden muss. Anträge zur Geschäftsordnung haben immer den Vorrang.

(2) Abgestimmt wird durch Erheben der Hand, im Zweifelsfall durch Aufstehen.

(3) Ein Antrag ist angenommen, wenn die einfache Mehrheit der Anwesenden zustimmt. Bei Stimmengleichheit ist der Antrag abgelehnt.

Bei der Auszählung der Stimmen werden Enthaltungen und ungültige Stimmen nicht mitgezählt.

(4) Es wird in der Regel offen abgestimmt. Auf Verlangen von einem der stimmberechtigten Mitglieder ist geheim mit Stimmzettel abzustimmen. Das Ergebnis einer geheimen Abstimmung wird durch zwei vom Vorstandsleiter zu bestimmende Mitglieder festgestellt und dem Vorstandsleiter mitgeteilt, der es bekannt gibt.

§ 10 Niederschrift

(1) Der Schriftführer ist für die Niederschrift des Verlaufs der Mitgliederversammlung und Vorstandssitzung verantwortlich. Eine Abschrift der Niederschrift ist allen Vorstandsmitgliedern zuzustellen, und zwar mit der Einladung zur nächsten Vorstandssitzung.

(2) Die Niederschrift ist vom Vorstandsleiter, vom Schriftführer oder einem evtl. beauftragten Protokollschreiber zu unterzeichnen.

§ 11 Änderung der Geschäftsordnung

(1) Änderungen dieser Geschäftsordnung können nur mit drei Vierteln der gesetzlich stimmberechtigten Mitglieder der Mitgliederversammlung beschlossen werden.

§ 12 Geltung

(1) Diese Geschäftsordnung gilt für die Mitgliederversammlungen und die Vorstandssitzungen.

§ 13 Inkrafttreten

(1) Diese Geschäftsordnung tritt am Tage der Eintragung des Vereins ins Vereinsregister in Kraft. (31. 08. 1989)

Die Mitgliederversammlung des Harburger Kreisvereins durchsichtige Parteien (e.V.) hat die Annahme dieser Geschäftsordnung beschlossen.

LITERATURNACHWEIS

1 MEW (Marx/Engels Werke), Dietz Verlag, Berlin 1977, Bd.4, S.339.
2 Frankfurter Rundschau, Frankfurt/M., 04.09.1991.
3 Papst Johannes Paul II.
4 MEW, a.a.O., Bd.7, S.353, 358, 401.
5 Ebd.
6 Ebd., S.1135.
7 Ebd.
8 F.Chátelet (Hrsg.), Geschichte der Philosophie, Frankfurt/M. 1973, Bd.5, S.130f.
9 Ebd., S.132.
10 Vgl. G.Klaus/M.Buhr (Hrsg.), Philosophisches Wörterbuch, deb, Berlin 1985 (1987), 13. Aufl., S. 415ff, 905ff, 1082ff (14. Aufl. 1987 als fotomechanischer Nachdruck der 13. durchgesehenen Aufl.).
11 MEW, a.a.O., Bd.1, S.485f.
12 MEW, a.a.O., Bd.19, S.181, Bd.21, S.206ff.
13 MEW, a.a.O., Bd.1, S.490.
14 Görres-Gesellschaft (Hrsg.), Staatslexikon, Recht-Wirtschaft-Gesellschaft, Herder, Freiburg/Br. 1987, 7. Aufl., Bd.3, Sp.594.
15 Vgl. H.Festing, Adolf Kolping und sein Werk, Herder, Freiburg/Br. 1981.
16 MEW, a.a.O., Bd.28, S.508.
17 MEW, a.a.O., Bd.4, S.481.
18 In: G.Gutiérrez, Theologie der Befreiung, München 1986, 9. Aufl., S.261.
19 MEW, a.a.O., Bd.4, S.339.
20 G.Klaus/M.Buhr, a.a.O., S.1141.
21 Vgl. J.V.Freyberg, G.Fülberth u.a., Geschichte der deutschen Sozialdemokratie 1963-1975, Köln 1975.
22 K.Marx, in: C.D.Kernig (Hrsg.), Sowjetsystem und demokratische Gesellschaft, Freiburg/Br. 1966, Bd.4, Sp.315.
23 MEW, a.a.O., Bd.31, S.542.
24 MEW, a.a.O., Bd.19, S.336.
25 Vgl. Görres-Gesellschaft (Hrsg.), Staatslexikon, Recht-Wirtschaft-Gesellschaft, Herder, Freiburg/Br. 1957, 6. Aufl., Bd.6, Sp.641.
26 Vgl. Görres Gesellschaft, a.a.O., 1957, Bd.4, Sp.815f.
27 Ebd., Sp.817ff.
28 Ebd., Sp.821.
29 Vgl. Süddeutsche Zeitung, 10.08.1995, S. ?
30 K.Klaus/M.Buhr, a.a.O., S.606.
31 Süddeutsche Zeitung, 20.07.1995, S.33.
32 Ebd., 22/23.07.1995, S.4.
33 Harburger Anzeigen und Nachrichten, 13.01.1987.
34 G.W.F.Hegel, Phänomenologie des Geistes, Felix Meiner Verlag, Hamburg 1952, 6. Aufl., S.144f.
35 MEW, a.a.O., Bd.23, S.531.
36 Grundgesetz für die Bundesrepublik Deutschland (GG), Juni 1993, Art. 33(2).
37 Vgl. Görres Gesellschaft, a.a.O. 1986, Bd.4, Sp.103ff.
38 Grundgesetz, Art. 97(1).
39 Ebd., Art. 20(3).
40 Görres Gesellschaft, a.a.O., 1986, Bd.1, Sp.10.
41 Vgl. ebd., Bd.3, Sp.1167f.
42 Grundgesetz, Art. 73.

43 Ebd., Art. 70; 72; 74.
44 Ebd., Art. 100.
45 Vgl. K.Ebert: Das gesamte öffentliche Dienstrecht (Loseblattwerk mit Ergänzungslieferungen), Erich Schmidt Verlag, Berlin.
46 Vgl. Görres Gesellschaft, a.a.O., 1986, Bd.1, Sp.584f.
47 Ebd., Sp.1066f.
48 Grundgesetz, Art. 65.
49 Görres Gesellschaft, a.a.O., 1986, Bd.1, Sp.585.
50 U.Jaeggi, Macht und Herrschaft in der BRD, Frankfurt/M. 1969, S.114.
51 Görres Gesellschaft, a.a.O., 1957, Bd.6, Sp.5.
52 Vgl. ebd., Sp.5ff.
53 Vgl. ebd., Sp.8.
54 Vgl. ebd., Sp.15.
55 Grundgesetz, Art. 1(3); 3; 33.
56 Vgl. Görres-Gesellschaft, a.a.O., 1957, Bd.3, Sp.783.
57 Ebd., Sp.783.
58 Ebd., Sp.784.
59 Ebd., Sp.784.
60 Ebd., Sp.784.
61 Grundgesetz, Art. 1; 3.
62 Görres Gesellschaft, a.a.O., 1957, Bd.3, Sp.784.
63 Görres Gesellschaft, a.a.O., 1986, Bd.2, Sp.905.
64 Vgl. ebd., Sp.900.
65 Hesiod: Theogonie (Vorwort), Hrsg. von K.Albert, Verlag H.Richarz, Sankt Augustin 1983, S. 20-31.
66 K.Ebert, a.a.O.
67 Vgl. Gemeinschaftsveröffentlichung der Statistischen Landesämter, Volkswirtschaftliche Gesamtrechnungen der Länder (s.Tabellenteil), Hersteller: Statistisches Landesamt Baden Württemberg, Stuttgart (Schriftenreihe anfordern).
68 Vgl. z.B. Statistik Niedersachsen, Personal im Öffentlichen Dienst 1986, Niedersächsisches Landesverwaltungsamt, Statistik - Schriftenvertrieb, Hannover (Schriftenreihe anfordern).
69 Grundgesetz, Art. 38
70 U.Jaeggi, a.a.O., S.108.
71 Vgl. Amtliches Handbuch des Deutschen Bundestages, 13. Wahlperiode, Nachlieferung zum Grundwerk. Siehe auch dpa-Bericht in der Süddeutschen Zeitung, etwa am 15.08.1995.
72 Grundgesetz, Art. 48(3).
73 Vgl. Bundesdatenschutzgesetz (18.02.1986), §24.
74 Grundgesetz, Art. 44.
75 Ebd., Art. 1(3), 33.
76 Ebd., Art. 4.
77 Ebd., Art. 5.
78 Vgl. M.Kuner, in: Süddeutsche Zeitung, 02.08.1995.
79 Grundgesetz, Art 33(1)(2).
80 Vgl. J.Hormann u.a., in: Süddeutsche Zeitung, 18.05.1995.
81 Vgl. Erfurter Programm der SPD von 1891.
82 Vgl. U.Jaeggi, a.a.O., S.107.
83 Grundgesetz, Art. 21(1).
84 Ebd., Art. 38(1).
85 Ebd., Art. 21(1); Gesetz über die politischen Parteien (Parteiengesetz), Juni 1987, § 23.
86 L.Basso: Zur Theorie des politischen Konflikts, Frankfurt/M. 1969, S.68.

87 Siehe Ziffern 67 und 68.
88 Vgl. F.Alt, in: Frankfurter Rundschau, 30.08.1993.
89 Siehe Ziffern 67 und 68.
90 Bundesdatenschutzgesetz (18.02.1986), § 24.
91 Gesetz über die politischen Parteien (Parteiengesetz), § 6(3).
92 Papst Johannes Paul II: Über die menschliche Arbeit, Freiburg/Br. 1981, 2. Aufl., S.16.
93 G.Schwab: Die schönsten Sagen des klassischen Altertums, Droemersche Verlagsanstalt, München-Zürich, S.121f.
94 Ebd. S.114f.
95 Ebd.
96 Das Grundsatzprogramm des Vereins/Verbands durchsichtige Parteien erscheint im zehnten Buch: Bernhard Marxen, Allgemeine Statuten des Vereins durchsichtige Parteien, neue - gemeinnützige - Version 2017, Ethos-Verlag, Buchholz i.d.N.

Titelbild: Justitia auf dem Marktbrunnen in Worms, in: Otto Rudolf Kissel, Die Justitia, München 1984, S. 100.

FSC
www.fsc.org
MIX
Papier aus verantwortungsvollen Quellen
Paper from responsible sources
FSC® C105338